V&R

Bibliografische Information der Deutschen Nationalbibliothek

Die Deutsche Nationalbibliothek verzeichnet diese Publikation in der Deutschen Nationalbibliografie; detaillierte bibliografische Daten sind im Internet über http://dnb.d-nb.de abrufbar.

ISBN 978-3-525-77302-4

© 2018, 2010, Vandenhoeck & Ruprecht GmbH & Co. KG, Göttingen
www.vandenhoeck-ruprecht-verlage.de
Alle Rechte vorbehalten. Das Werk und seine Teile sind urheberrechtlich geschützt. Jede Verwertung in anderen als den gesetzlich zugelassenen Fällen bedarf der vorherigen schriftlichen Einwilligung des Verlages. Printed in Germany.
Layout und Lithografie: weckner media+print GmbH, Göttingen
Druck und Bindung: ⊕ Hubert & Co. GmbH & Co. KG BuchPartner, Robert-Bosch-Breite 6, D-37079 Göttingen

Gedruckt auf chlorfrei gebleichtem Papier.

Kompetent evangelisch

Lehrbuch für den evangelischen Religionsunterricht
11. Jahrgangsstufe

Vandenhoeck & Ruprecht

Vorwort

Liebe Lehrerinnen und Lehrer,
Liebe Schülerinnen und Schüler,

Kompetent evangelisch soll den gemeinsamen Unterricht für Sie interessant und anregend machen. Der Titel weist schon darauf hin, dass es darum gehen wird, Kompetenzen – Fähigkeiten – zu erwerben, die notwendig sind, um sich selbst und anderen über den eigenen evangelischen Glauben Rechenschaft geben zu können. Das setzt eine recht selbständige und eigenverantwortliche Arbeitsweise voraus. Das Buch möchte Sie dabei unterstützen, indem Ihnen zu jedem Kapitel Anregungen zur eigenständigen Verarbeitung des Stoffes gegeben werden und Sie am Ende anhand eines Katalogs von Kompetenzen überprüfen können, ob Sie das angepeilte Ziel nach Ihrer eigenen Einschätzung erreicht haben.

Zunächst geht es in *Mensch und Religion* um die grundlegenden Voraussetzungen der Wahrnehmung und Deutung unserer Welt. Ein Blick in die philosophische Erkenntnistheorie wird mit der Frage verbunden, welche Aspekte der Wirklichkeit von den Religionen eingebracht werden können und wie sich konkurrierende Wahrheitsansprüche zueinander verhalten.

Im zweiten Arbeitsfeld *Mensch und Gott* werden die klassischen Aussagen der Religion über Gott und sein Geschöpf, den Menschen, aus verschiedenen biblischen, religionsgeschichtlichen und naturwissenschaftlich-philosophischen Blickwinkeln untersucht.

In dem sich anschließenden Block *Jesus Christus* wird deutlich, was den innersten Kern des christlichen Glaubens ausmacht: die Passion Jesu Christi und seine Auferstehung. Daran schließt sich die Erarbeitung der christlichen Grunddogmen an, und am Ende dieser Einheit wird darüber nachgedacht, welche Folgerungen aus dem Glauben für das Handeln also für eine christliche Ethik zu ziehen sind.

In den folgenden drei Kapiteln, die unter der Überschrift *Bewährung des Glaubens* stehen, geht es zunächst um die klassische, aber immer wieder aktuelle Theodizeefrage. In den beiden letzten Kapiteln wird untersucht, welche Deutungen der Glaube für aktuelle ethische Problemstellungen bereithält. Zur Bearbeitung dieser Fragen sind die Grundkenntnisse aus den vorangegangenen Arbeitsfeldern Voraussetzung.

Das Lehrbuch behandelt alle im Bayerischen Lehrplan vorgesehenen Inhalte und Fragestellungen in kompetenzorientierter Weise, was bedeutet, dass großer Wert auf den Hintergrund und das Verständnis der behandelten Inhalte gelegt wird. Insofern sind nicht alle Texte und Materialien zum Erwerb der Kompetenzen in gleicher Weise verbindlich, weil die Schwerpunkte auch anders gesetzt werden können, als das hier geschehen ist, oder an Stellen, wo dies vom Lehrplan her möglich ist, auch andere Inhalte gewählt werden können. Der Katalog von Kompetenzen am Ende jedes Kapitels, der sozusagen den inneren Lehrplan abbildet, bleibt aber ein Maßstab dafür, ob die Lerneinheit erfolgreich absolviert wurde.

Kompetenzen können nur erworben werden, wenn die Lerninhalte in „problemförmigen", d.h. lebensnahen Verschränkungen auftreten und nicht in den künstlich präparierten Laborsituationen der Fachwissenschaft. Dies ist auch im Hinblick auf die neue Aufgabenkultur des Abiturs nötig.

Die wechselseitigen Beziehungen der Themen und Inhalte werden an vielen Stellen durch Randglossen sichtbar gemacht, so dass jeder Diskussionsgegenstand dadurch zusätzliche Facetten und Perspektiven erhält und zu einem vernetzten Arbeiten eingeladen wird. Am Ende des Buches findet sich ein Glossar mit den wichtigsten Begriffen, die auch den Kernbereich des Lehrplans umreißen.

Ich wünsche Ihnen viel Freude und großen Kompetenzzuwachs bei der Arbeit mit *Kompetent evangelisch*.

Max W. Richardt

Inhalt

Mensch und Religion

Ev 11.1	1 Wahrheit und Wirklichkeit	7
Ev 11.1	2 Wahrheit und Wahrhaftigkeit	21
Ev 11.1	3 Wahrheit und Toleranz	33

Mensch und Gott

Ev 11.2	4 Gottes Geschöpf und Ebenbild	45
Ev 11.2	5 Freiheit	57
Ev 11.2	6 Leben mit Gott?	71
Ev 11.3	7 (K)ein Gott ohne Bilder?	83

Jesus Christus

Ev 11.3	8 Kreuz und Auferstehung	97
Ev 11.3	9 Der Sohn Gottes im Himmel	113
Ev 11.2 | Ev 11.3	10 Rechtfertigung und Ethik	123

Bewährung des Glaubens

Ev 11.3	11 Gott vor Gericht	135
Ev 11.4	12 Gesundheit und Heil	147
Ev 11.4	13 Sterben in Würde – Sterbehilfe?	161

Zum Gebrauch des Bandes

Der Lehrplan für das bayerische Gymnasium weist für die 11. Jahrgangsstufe vier Themenbereiche aus, die mit diesem Lehrbuch vollständig bearbeitet werden können.

Der erste Themenbereich Ev 11.1 „Was ist wahr? – Wahrnehmung und Wirklichkeit" wird in den ersten drei Kapiteln des Buches behandelt. Themenbereich Ev 11.2 „Wer bin ich? – Das christliche Verständnis vom Menschen" wird in den Kapiteln 4 bis 6 behandelt. Themenbereich Ev 11.3 „Woran hängt dein Herz? – Die Frage nach Gott" ist Thema der Kapitel 7 bis 9.

Das 10. Kapitel befasst sich mit dem Zusammenhang zwischen dem christlichen Glauben an Gott einerseits und dem christlichen Handeln andererseits (Rechtfertigungslehre) und gehört somit zu den Themenbereichen Ev 11.2 und 11.3 gleichermaßen.

Die letzten drei Kapitel haben verschiedene Bewährungsproben des Glaubens zum Thema: die Theodizeefrage (Themenbereich 3), die Bedeutung der Körperlichkeit und das Problem der Sterbehilfe (Themenbereich Ev 11.4 „Gesund und heil? – Das Leben angesichts der Unvollkommenheit").

Die Texte der einzelnen Kapitel tragen unterschiedliche Kennzeichnungen, je nach ihrer Verbindlichkeit im Lehrplan:

- Symbol 1 steht für verbindliche Inhalte und verweist auf einen Text oder einen genau umrissenen Stoff, der vom Lehrplan als verbindlich ausgewiesen wird und behandelt werden muss.
- Symbol 2 steht für Basiswissen und kennzeichnet Texte, die nötig sind, um verbindliche Lernziele zu erreichen und ein entsprechendes Grundwissen abzusichern.
- Symbol 3 steht für Wahlmaterial kennzeichnet Elemente und Texte, die Zusammenhänge zwischen einzelnen Lerninhalten herstellen und als Beispiele Sachverhalte anschaulich machen. Je nach Schwerpunktsetzung kann dies aber auch auf andere Weise erreicht werden.
- Symbol 4 steht für vertiefende Materialien und kennzeichnet Elemente, die zu einem vertieften Verständnis der theologischen Zusammenhänge führen.

Die Aufgaben dienen zur selbstständigen Erarbeitung des Stoffes, der im Lehrbuch angeboten wird. Teilweise gehen Aufgaben darüber hinaus und regen eine eigenständige Informationsbeschaffung an. Die Formulierung der Aufgaben folgt den vorgeschriebenen Operatoren und führt zur Bearbeitung von Abituraufgaben hin.

Die Kompetenzen am Ende jedes Kapitels bieten Schülerinnen und Schülern die Möglichkeit in eigener Verantwortung zu überprüfen, ob die Ziele erreicht wurden. Sie könnten auch Anlass geben bei Unklarheiten nachzufragen oder Teile des Kapitels ein zweites Mal durchzugehen.

1 Wahrheit und Wirklichkeit

René Magritte, Condition humaine II, 1933

Wie wirklich ist die Wirklichkeit?

von Hoimar von Ditfurth

Hoimar von Ditfurth über zwei einflussreiche Erkenntnistheorien, die deutlich machen, dass die menschliche Wahrnehmung alles andere ist als ein verlässlicher Zugang zur Wirklichkeit.

Platos Höhle

Die Situation der Menschen, so stellte er [Plato] fest, gleiche der von Gefangenen, die in einer Höhle mit dem Rücken zum Eingang angekettet seien. Von allem, was sich vor der Höhle abspiele, bekämen sie nur die Schatten zu Gesicht, die von dem Höhleneingang auf die ihnen gegenüberliegende Wand geworfen würden.

Diese Schatten aber, so fährt Plato fort, hielten die Menschen für die **Wirklichkeit** selbst. So seien sie eigentlich doppelt Betrogene. Deshalb bestehe die vornehmste Aufgabe der Philosophen darin, die Menschen über ihre wahre Situation aufzuklären. Sie müssten wenigstens wissen, dass sie die wahre Welt erst vor sich haben würden, wenn sie in der Lage wären, sich umzudrehen und aus dem Höhlengang hinauszublicken, oder wenn es ihnen gar möglich wäre, die Höhle zu verlassen und die Dinge selbst zu betrachten, anstatt nur deren vage vorüberhuschende Schatten an der Wand.

Großartiger und treffender ist das bis auf den heutigen Tag von niemandem gesagt worden. Das gilt auch für den mahnenden Hinweis, dass ein Mensch so lange im Zustand, wie wir heute sagen würden: geistiger Unmündigkeit verharre, wie er für bare Münze hält, was seine Wahrnehmungsorgane ihm über die Außenwelt sagen. Solange er die Schatten der Welt für die Welt selbst hält. Seit Plato gibt es daher jene spezielle philosophische Disziplin, die **Erkenntnislehre** (oder **Erkenntnistheorie**), die sich einzig und allein damit beschäftigt, herauszufinden, wie es sich mit unserer Erkenntnis, mit unserer Erfahrung über die Welt, unter diesen Umständen nun eigentlich im Einzelnen verhält.

Kants „Kritik der reinen Vernunft"

Kant beantwortete die Frage, ob wir eine Chance haben, über die wahre Natur der Dinge und der uns umgebenden Welt irgendetwas zu erfahren, rundheraus mit Nein. Sein Argument bestand in dem Hinweis auf die von ihm entdeckte Tatsache, dass sich, wann
5 immer wir etwas wahrnehmen oder erkennen, unsere Erkenntnis nicht nach den Gegenständen, sondern sich umgekehrt die Gegenstände ganz offensichtlich nach unserer Erkenntnis richten. Anders ausgedrückt: Kant entdeckte, dass unsere Erkenntnis (unser Denken ebenso wie unsere Vorstellung oder „Anschauung") angeborene
10 Strukturen aufweist und dass das, was wir im Vorgang der Erkenntnis erfahren, nichts weiter ist als der Abdruck unserer eigenen Denkstrukturen.

Mit einem Gedankenexperiment kann sich jeder leicht veranschaulichen, was gemeint ist. Man muss nur einmal anfangen, sich
15 zu überlegen, was man sich in der Welt alles „wegdenken" kann. So fällt es zum Beispiel nicht schwer, sich vorzustellen, dass es keine Sterne gibt. Auch Sonne, Mond oder Planeten ließen sich „wegdenken", ebenso die ganze Erde (man schwebt dann in seiner Vorstellung eben im leeren Raum). Aber auch auf den eigenen Körper
20 lässt sich bei einem solchen Gedankenexperiment noch „verzichten": Dann schwebt das eigene Bewusstsein eben körperlos im Raum. Damit sind wir jedoch schon an der Grenze dessen angelangt, was bei dieser gedanklichen Spielerei möglich ist. Selbst ihr sind Grenzen gesteckt. Sie erweisen sich als höchst bedeutsam.
25 Wegdenken lässt sich nicht mehr das eigene „Ich". (Dann hörte alles Vorstellen auf.) Wegdenken lässt sich aber auch nicht der Raum. Unmöglich ist es ferner, sich die Existenz des körperlos in einem leeren Raum schwebenden Ichs ohne den weiteren Ablauf der Zeit vorzustellen. Zeitlosigkeit ist auf keine Weise vorstellbar.
30 (Auch körperlose Gedanken folgen ja „aufeinander".) Raum und Zeit sind allem Anschein nach also, das ist das Resultat, ebenso wie das eigene Ich, Voraussetzungen dafür, sich überhaupt etwas vorstellen zu können. Raum und Zeit sind demnach gar nicht etwa Erfahrungen, die wir über die Welt machen. Das hatte alle Philoso-
35 phie vor Kant angenommen. Sie sind vielmehr Strukturen unseres Denkens, unserer Anschauung. Sie sind von vornherein (a priori) in unserem Denken enthalten. Vor jeder Erfahrung, die wir machen. Sie sind uns angeboren. Raum und Zeit sind daher, wie Kant es ausdrückte, nicht das Ergebnis, sondern die Voraussetzung aller

Immanuel Kant (1724–1804), dt. Philosoph im Zeitalter der Aufklärung

Erfahrung. Es sind Urteile, die wir apriori über die Welt fällen, angeborene Vorurteile, von denen wir uns nicht freimachen können. Weil das aber so ist, haben wir kein Recht zu der Annahme, dass Raum und Zeit der Welt selbst angehören, so wie sie „an sich" ist, objektiv, ohne die Spiegelung in unserem Bewusstsein, als die wir sie allein erleben können.

Wir erleben die Welt folglich nicht etwa deshalb als Raum, in dem sich zeitliche Abläufe abspielen, weil sie an sich räumlich und zeitlich wäre. Wir erleben sie allein deshalb so, weil unser Verstand alles, was Vorstellung oder Sinneswahrnehmung ihm anbietet, in räumliche und zeitliche Erlebnisse umsetzt. Er kann nicht anders. Über die Welt selbst, die „Welt an sich", erfahren wir daher durch das Erleben von Räumlichkeit und Zeitlichkeit nichts. Das aber war erst der Anfang. Kant gelang es, noch weitere apriorische Erkenntnisformen aufzuspüren.

Eine der wichtigsten ist die **Kausalität**. Auch unsere Überzeugung, dass jeder Vorgang eine Ursache haben muss und dass Ereignisfolgen Ketten von Ursachen sind, die bestimmte Wirkungen auslösen, die ihrerseits wieder als Ursachen wirksam werden, haben wir nicht etwa erst durch Erfahrung gewonnen. Auch in diesem Fall wäre es eine Selbsttäuschung, wenn wir glaubten, dass wir das Prinzip der Kausalität etwa a posteriori, also im Nachhinein, sozusagen erst durch geduldige Beobachtung der Welt entdeckt hätten. Auch die Kausalität ist nach Kant vielmehr eine Erkenntnisform a priori. Ein Vorurteil, das wir an die Erscheinungen der Welt herantragen, das wir diesen Erscheinungen gleichsam aufprägen. Auch Kausalität also ist nicht etwa eine Kategorie der „Welt an sich". Diese „Welt an sich", die Beschaffenheit der Welt also unabhängig von unserem erlebenden Bewusstsein, bleibt uns nach Kants Ansicht definitiv unerreichbar. Das etwa ist der Kern seiner **Erkenntnislehre**.

Hoimar von Ditfurth (1921–1989), deutscher Arzt und Journalist, Fernsehmoderator und populärwissenschaftlicher Schriftsteller.

Kant und der Glaube an Gott

Aus diesen Überlegungen folgt für Kant, dass man unterscheiden muss zwischen der Wirklichkeit, wie sie an sich (ohne uns) ist („Ding an sich") und der Welt, wie sie sich uns (mit Notwendigkeit) darstellt, also der Welt der Erscheinungen. Über die erste – die Wirklichkeit,
5 wie sie ohne uns ist - können wir nichts wissen. Die zweite dagegen verhält sich sehr verlässlich, weil sie ja durch unsere Formen der Erkenntnis gefiltert und geordnet wird. In ihr gelten die sog. Naturgesetze. Allerdings sind diese Gesetze eher die Gesetze unseres Kopfes, als die Regeln der Natur, denn wo sie vielleicht nicht gelten, versagt
10 auch unsere Wahrnehmung.

> „Zwei Dinge erfüllen das Gemüt
> mit immer neuer und zunehmender
> Bewunderung und Ehrfurcht,
> je öfter und anhaltender es sich
> damit beschäftigt:
>
> Der bestirnte Himmel über mir,
> das moralische Gesetz in mir."

Aus dieser Perspektive lässt sich nun auch überprüfen, was man von Gott wissen kann. Kant untersucht die Gottesbeweise und findet letztlich keinen von ihnen stichhaltig. Mit den Aussagen über Gott betritt der Mensch eine Sphäre, in der es um den Urgrund der Wirk-
15 lichkeit geht. Darüber können wir Menschen aber keine wissenschaftlichen Aussagen machen. Unsere kausale Redeweise, die mit Ursachen und Folgen rechnet – z.B. „Gott ist der Schöpfer der Welt" – ist dort angebracht, wo wir unsere Erfahrungen ordnen, aber nicht dort, wo wir gar keine Erfahrungen machen können und nicht wissen, ob unsere
20 kausale Logik noch gilt. Es gibt keine Wissenschaft, die an Gott heranreicht.

Kant wollte seine Kritik an den pseudo-wissenschaftlichen Gottesbeweisen aber nicht als eine grundsätzliche Kritik am Glauben verstanden wissen. Er war der Meinung, dass es ihm gelungen ist, mit
25 dem theologischen Schein-Wissen aufzuräumen, um Platz zu machen für den wirklichen Glauben. Den Glauben sah er als eine auch für den Verstand wichtige Angelegenheit an, weil er der Vernunft eine Orientierung gibt. So sind Gott, Freiheit und Unsterblichkeit aus Vernunftgründen anzunehmen, selbst wenn ein wissenschaftlicher Beweis für
30 die Existenz dieser Ideen nicht erbracht werden kann.

„theologia gloriae", S. 103

Der Vater der modernen Religionskritik: Ludwig Feuerbach

Der folgenreichste Versuch, den christlichen Glauben, aber auch die Religion als Erscheinung menschlicher Kultur überhaupt mit philosophischen Argumenten zu kritisieren, findet sich im Werk Ludwig Feuerbachs (1804–1872). Seine Grundgedanken wurden von vielen religionskritischen Denkern aufgenommen und fanden in vergröberter Form auch Eingang ins Bewusstsein einer breiten Masse, die sonst kaum Beziehung zu philosophischen Fragestellungen hat.

August Weger

Feuerbachs Philosophie ist getragen von der an den Naturwissenschaften orientierten Grundtendenz des 19. Jahrhunderts: Wirklich ist, was durch die Sinne erfahren werden kann. Da Gott aber kein Bestandteil der sinnlich erfahrbaren, dinglichen **Wirklichkeit** ist, zieht Feuerbach den Schluss, dass Gott nur eine Vorstellung des Menschen sein kann, deren Entstehung aus der besonderen Verfassung des menschlichen Geistes zu erklären ist.

Dass die Vorstellung von Gott nicht von der sinnlichen Erfahrung gedeckt wird und daher als bloße Spekulation fallengelassen werden sollte, haben auch schon andere Denker vor Feuerbach festgestellt. Das entscheidend Neue bei ihm besteht in dem Versuch zu erklären, wie und warum es in der Geschichte der Menschheit immer wieder zu dieser Illusion, genannt Religion, kommen musste. Feuerbach will die Religion zerstören, indem er ihre Wurzeln bloßlegt.

Er geht davon aus, dass in jedem Menschen ein Bewusstsein vom Unendlichen und Vollkommenen existiert, das in der Realität des konkreten Lebens überall an schmerzhafte Grenzen stößt. Aus dem Leiden des Menschen an seiner endlichen Welt entsteht der Traum von einer Welt ohne Schmerz und Tod und von einem vollkommenen, grenzenlosen Wesen in ihrem Zentrum: Gott. Die Gottesvorstellung ist daher inhaltlich identisch mit den menschlichen Wünschen, die aus den Einengungen der menschlichen Natur hervorgehen.

Diese sogenannte **Projektionsthese** besagt, dass die menschliche Vorstellung von Gott dadurch entsteht, dass der Mensch sein ideales Selbst, das notwendige Ziel seiner Wünsche, in einer selbstständigen, fremden Person, Gott, fiktiv realisiert sieht. Gott ist also in Wirklichkeit kein unabhängig existierendes Wesen, sondern ein notwendiger Gegenstand des menschlichen Bewusstseins. Es kann nur darum gehen, diese Projektion – von innen nach außen – zu erkennen und dadurch aufzuheben. In Gott soll der Mensch seine eigenen Möglichkeiten erkennen und wahrnehmen.

Die Entzweiung des Menschen mit sich selbst, wie sie in der Religion ihren Ausdruck findet, hat zwei negative Tendenzen: Zum einen wird durch diese Trennung Gott immer reicher und der Mensch immer ärmer. Das Selbstbewusstsein des Menschen, seine Tatkraft und sein Mut werden unterhöhlt, weil er sein Heil nicht mehr von sich selbst erwartet und resigniert. Der Gottesglaube entwertet das reale Leben zugunsten einer Illusion. Erst die Vernichtung dieses passiv machenden Irrtums befreit den Menschen dazu, seine Wirklichkeit zu erkennen und aktiv zu gestalten.

Zum anderen wird dem Menschen die natürliche Welt, in die er mit seinem Körper gehört, unwichtig und verächtlich. Das, was zu seiner konkreten irdischen Gestalt gehört, erscheint ihm als das Grundübel, das ihn von der Erfüllung seines Ewigkeitstraums abhält. Die Natur und der Leib werden abgewertet zugunsten des scheinbar Göttlichen, Geistigen, Höheren. Die Religion bringt auf diese Weise eine zwangsläufige Tendenz zur Leibfeindlichkeit und selbstquälerischen Askese hervor.

Nur das Aufdecken dieses Irrtums bringt den Menschen als Körperwesen wieder zurück zu sich selbst und setzt die Natur wieder in ihre Rechte ein. Wenn sich das unverdorbene Wesen der Menschen frei entwickeln kann, so glaubt Feuerbach, dann wird der Mensch auch die Güte, Liebe und Bereitschaft zum Mitleiden, die der Christ bisher seinem Gott zugeschrieben hat, in sich selbst vorfinden und zu echter Humanität gelangen.

Der Idealmensch kann in sich Natur, Herz und Verstand zu einer harmonischen Einheit verbinden. Allerdings ist dieses Ziel wahrer Humanität nicht für den einzelnen konkreten Menschen erreichbar; vielmehr muss dieser sich als Teil der Gattung Mensch verstehen, die für ihn an die Stelle Gottes rückt.

Den Gottesglauben ersetzt Feuerbach durch den Glauben des Menschen an sich selbst, in der Form des Vertrauens auf die unerschöpflichen Möglichkeiten des Menschengeschlechts und seiner Geschichte. So versteht er die theologischen Aussagen über Gott als Aussagen über die Zukunft der Menschheit. Die Theologie erscheint ihm als eine Wissenschaft von den Zielen echter Humanität, die jedoch einem grundlegenden Irrtum über ihr Untersuchungsobjekt unterliegt: Was sie über Gott zu sagen meint, betrifft in Wirklichkeit den Menschen.

Theologische Hygiene

von Heinz Zahrnt

„Kompensationsthese", S. 77

„Götzenbilder", S. 89f.

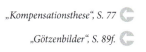

Im Grunde haben Feuerbach, Marx und Freud mit ihrer Religionskritik der Theologie einen Dienst erwiesen. Sie haben sie dazu angehalten, das erste und zweite Gebot – sich neben Gott keine anderen Götter und von Gott selbst keine Bilder und Gleichnisse zu machen – strenger zu beachten als zuvor. Dadurch hat eine Art theologischer Hygiene stattgefunden, indem zahlreiche erstarrte, ja falsche menschliche Vorstellungen von Gott zerstört und der Glaube an Gott von Pseudoelementen gereinigt wurde. Immer wieder droht ja das Bild Gottes von den Interessen der Gläubigen geprägt und überlagert zu werden. Weil die Bauern am guten Wetter interessiert waren, wurde Gott für sie zum Wettergott. (…)

Nachdem Gott uns allzu bekannt, fast ein „guter Bekannter" geworden ist, scheint es mir an der Zeit, jene andere durch die ganze Bibel sich ziehende Linie erneut zu betonen: das Unbekannt- und Unbenanntbleiben Gottes. (…) Die Warnung vor Projektionen erinnert uns daran, dass alle unsere menschlichen Bilder, Begriffe und Vorstellungen von Gott immer nur Symbole und Chiffren sind, unzureichend und flüchtig.

Der rätselhafte Designer
von Richard Dawkins

Die „Logik" der Kreationisten ist immer die Gleiche: Irgendein Naturphänomen ist statistisch so unwahrscheinlich, so komplex, so schön, so Ehrfurcht gebietend, dass es nicht durch Zufall entstanden sein kann. Und die Kreationisten können sich zum Zufall
5 keine andere Alternative vorstellen als die absichtliche Gestaltung. Also muss es ein Gestalter getan haben.

Auch die Antwort der Wissenschaft auf diese falsche Logik ist immer die gleiche: Gestaltung ist nicht die einzige Alternative zum Zufall. Eine viel bessere Alternative ist die natürliche Selektion.
10 Eigentlich ist die Gestaltung überhaupt keine Alternative, denn sie wirft ein viel größeres Problem auf als das, welches sie zu lösen vorgibt: Wer gestaltete den Gestalter?

Für das Problem der statistischen Unwahrscheinlichkeit versagen Zufall und Gestaltung als Lösung gleichermaßen, denn der Zufall
15 *ist* das Problem und die Gestaltung läuft durch Regression darauf hinaus. Dagegen ist die natürliche Selektion eine echte Lösung. Sie ist die einzige funktionierende Lösung, die jemals vorgeschlagen wurde. Und sie funktioniert nicht nur, sie ist auch von verblüffender Eleganz und Kraft.

20 Wie kommt es, dass die natürliche Selektion das Problem der Unwahrscheinlichkeit lösen kann, während Zufall und Gestaltung von vorneherein zum Scheitern verurteilt sind? Die Antwort lautet: Natürliche Selektion ist ein additiver Prozess, der das Problem der Unwahrscheinlichkeit in viele kleine Teile zerlegt. Jedes dieser Teile
25 ist zwar immer noch ein wenig unwahrscheinlich, aber nicht so sehr, dass sich ein echtes Hindernis ergeben würde.

Folgen viele solcher mäßig unwahrscheinlichen Ereignisse in einer Reihe aufeinander, so ist das Endprodukt der Anhäufung tatsächlich so unwahrscheinlich, dass es weit außerhalb der Reich-
30 weite des Zufalls liegt. Jede kreative Intelligenz, die ausreichend komplex ist, um irgendetwas zu gestalten, entsteht ausschließlich als Endprodukt eines langen Prozesses der allmählichen Evolution. Da kreative Intelligenz durch Evolution entstanden ist, tritt sie im Universum zwangsläufig erst sehr spät in Erscheinung. Sie kann
35 das Universum deshalb nicht entworfen haben.

Richard Dawkins (geb. 1941), britischer Zoologe und Biologe; Atheist und Humanist, (populär-)wissenschaftlicher Schriftsteller.

Die zehn Argumente des neuen Atheismus

Atheistenbus

1. Gott ist eine extrem unwahrscheinliche Hypothese. Es lohnt nicht, darüber ernsthaft zu diskutieren.

2. Gott ist eine Projektion. Hat man das erkannt, kann man auf sie verzichten.

3. Gott ist ein bloßes Produkt religiöser Bedürfnisse und unrealistischer Wünsche.

4. Der Mensch hat sich aus dem Tierreich entwickelt. Also braucht er keinen Schöpfer.

5. Das sogenannte Gute erklärt sich leicht aus der Evolution; auch dafür ist ein Gott unnötig.

6. In der Welt gibt es so unendliches Leid, dass der Glaube an einen guten Gott absurd ist.

7. Religionen sind von Natur aus intolerant, rabiat und gewalttätig. Sie verdienen es nicht, dass man ihnen Respekt entgegenbringt.

8. Das Gottesbild der Bibel ist primitiv und abstoßend. Man muss verhindern, dass Kinder damit in Berührung kommen.

9. Die Entstehung der Religion ist als unglücklicher Nebeneffekt der kulturellen Evolution erklärbar.

10. Der Blick auf das Jenseits lähmt den Menschen. Es kommt aber darauf an, sich zu engagieren und die Welt zu verändern.

Verschiedene Zugänge zur Wirklichkeit

Arthur Eddington, Das Netz des Fischforschers

Nachdem ein Fischforscher sein Netz viele Male ausgeworfen hat, stellt er fest: Alle Fische sind größer als 5 cm. Der Einwand, das liege nur an der Maschengröße seines Netzes, kontert er ungerührt: „Was ich mit meinem Netz nicht fangen kann, ist eben kein Fisch!"

T8

Antony Flew, Parabel vom Gärtner, den es nicht gibt

Es waren einmal zwei Forschungsreisende, die zu einer Lichtung im Urwald kamen. Dort blühten allerlei Blumen und allerlei Unkraut. Der eine Forscher sagte: „Es muss einen Gärtner geben, der dieses Stück Land bearbeitet." Der andere stimmte nicht zu: „Es
5 gibt keinen Gärtner." Sie bauen also ihre Zelte auf und halten Wacht. Aber einen Gärtner bekommen sie nicht zu sehen. „Vielleicht ist der Gärtner unsichtbar!" Sie errichten einen Zaun aus Stacheldraht. Sie setzen ihn unter Strom. Sie patrouillieren mit Bluthunden. Aber kein Schrei weist darauf hin, dass ein Eindring-
10 ling einen elektrischen Schlag bekommen hat, keine Bewegung des Stacheldrahtes verrät je einen unsichtbaren Kletterer. Nie schlagen die Bluthunde an. Doch der Gläubige ist noch nicht überzeugt. „Und doch gibt es einen Gärtner, er ist unempfindlich gegenüber elektrischen Schlägen, Hunde können ihn nicht riechen, und er
15 macht keinen Lärm, aber im Verborgenen kommt er, den Garten zu versorgen, den er liebt." Der Skeptiker verzweifelt zum Schluss. „Aber was bleibt denn noch übrig von dem, was du zuerst gesagt hast? Worin unterscheidet sich das, was du einen unsichtbaren, ungreifbaren und ewig entweichenden Gärtner nennst, von einem ein-
20 gebildeten Gärtner oder sogar von einem Gärtner, den es nicht gibt?"

T9

Paul Tillich, In der Tiefe ist Wahrheit

Der Name der unendlichen Tiefe und des unerschöpflichen Grundes alles Seins ist Gott. Denn wenn ihr erkannt habt, dass Gott Tiefe bedeutet, könnt ihr euch nicht mehr Atheisten oder Ungläubige nennen, denn ihr könnt nicht mehr denken oder sagen: Das Leben
5 hat keine Tiefe, das Leben ist seicht, das Sein selbst ist nur Oberfläche. Nur wenn ihr das in voller Ernsthaftigkeit sagen könnt, wärt ihr Atheisten, sonst seid ihr es nicht. Wer um die Tiefe weiß, der weiß auch um Gott.

T10

→ „Symbol", S. 92

A. Eddington (1882–1944), britischer Astrophysiker,
A. Flew (geb. 1923), britischer Philosoph,
P. Tillich (1886–1955), evangelischer Theologe.

Das Ganze – es entzieht sich uns

von Matthias Wörther

Wir analysieren das Leben in unseren Laboren und wissen doch nicht, warum Tiere lebendig sind. Wir entdecken Ordnungsstrukturen in allem, was wir untersuchen, sind aber nicht sicher, ob diese Ordnungen reale Gegebenheiten sind oder bloße Entwürfe unserer Gehirne. Wir interpretieren Texte, Bilder und Musik, kommen aber an kein Ende damit, weil sie in neuen Zusammenhängen neue Sinnstrukturen erkennen lassen.

[…] Philosophische Auffassungen wie der Positivismus gehen davon aus, dass man die Wirklichkeit tatsächlich theoretisch abbilden und sie auf diese Weise vollkommen erfassen könne. Solche Überzeugungen stehen im Hintergrund, wenn Wissenschaftler sagen, es sei nur eine Frage der Zeit, bis wir alles über uns und das Universum wissen würden. Sie gehen davon aus, das Wissen über die Welt addiere sich im Laufe der Zeit, bis die Welt schließlich vollständig und lückenlos verstanden sei: als wahres Abbild ihrer selbst in Gestalt von wissenschaftlicher Information. Auch sie identifizieren ihren wissenschaftlichen Entwurf mit der Wirklichkeit selbst und verlieren deren Geheimnischarakter aus dem Blick.

Aber die Welt bleibt immer mehr als die Begriffe, die wir uns von ihr machen. […] Es gibt keine Einheitswissenschaft, keine Weltformel, keinen Begriff der Wirklichkeit, keine Religion und keinen Glauben, die sich mit Autorität über alle Aspekte des Lebens auf der Erde und im Kosmos äußern könnten. Eine Gesamterklärung der Wirklichkeit entstünde auch dann nicht, wenn man die Erkenntnisse aller Wissenschaften und aller Religionen zusammenführte.

Sie kann nicht entstehen, weil wir immer mehr, aber dennoch nie alles über die Welt wissen. Sie kann nicht entstehen, weil die Wirklichkeit nicht stillhält, sondern sich in einem beständigen Wandel befindet. Sie kann nicht entstehen, weil wir keine unbeteiligten Beobachter sind, sondern uns mitten in der Wirklichkeit befinden und in sie eingreifen. Sie kann nicht entstehen, weil die Wirklichkeit nicht abschließbar und endgültig beschreibbar ist. Wir erhalten zahlreiche unterschiedliche Antworten auf unsere Fragen, die durchaus ihre Gültigkeit besitzen, aber es gibt keinen abschließenden Fragenkatalog.

Eine der Aufgaben des Gottesbegriffs ist es, das Bewusstsein von der Unabschließbarkeit der Fragen wie der Antworten auf den Begriff zu bringen und offen zu halten. Er bringt tatsächlich das Gesamte auf den Begriff, indem er es als das nicht Erfassbare bestimmt.

„Horizont", S. 89

Matthias Wörther (geb. 1955), katholischer Theologe.

Aufgaben

Abbildungen haben keine eigene Nummerierung; sie werden in die Zusammenhänge der Aufgaben zum Text (T1 ...) eingebettet.

T1
- Belegen Sie den Text über das Höhlengleichnis mit Zitaten aus dem Originaltext des Höhlengleichnisses (Plato, Politeia).
- Gestalten Sie eine möglichst präzise Skizze zu Platos Gleichnis.
- Vergleichen Sie Ihre Skizze mit der dem Text beigegebenen Karikatur.
- Setzen Sie das Höhlengleichnis in Bezug zu dem Einstiegsbild, dem Gemälde von René Magritte.
- Ermitteln Sie die wichtigsten Wahrheitsdefinitionen aus einem Philosophielexikon und diskutieren Sie deren Vorzüge.

T2
- Erläutern Sie das Gedankenexperiment, das v. Ditfurth zur Veranschaulichung der Kant'schen Erkenntnistheorie vorschlägt. Prüfen Sie die Konsequenzen an den Wahrheitsdefinitionen.
- Entwerfen Sie einen Dialog Platos und Kants über ihre Erkenntnisse.

T3
- Untersuchen Sie die Konsequenzen der Kant'schen Erkenntnistheorie für den christlichen Glauben.
- Erörtern Sie die These: „Der Glaube an Gott ist ebenso wenig beweisbar wie ein physikalisches Gesetz."

T4
- Erläutern Sie die Projektionsthese Feuerbachs mit Hilfe einer Skizze und untersuchen Sie, wie nach dieser Auffassung die Religion zum Verschwinden gebracht werden könnte.
- Schreiben Sie aus der Sicht eines modernen Christen eine Antwort auf Feuerbachs Religionskritik.

T5
- Stellen Sie weitere Argumente der Religionskritik in einem Kurzreferat vor (Karl Marx, Friedrich Nietzsche, Sigmund Freud).
- Belegen Sie Zahrnts These, die Vorstellung von Gott müsse immer wieder „gereinigt" werden, mit Beispielen aus Ihrer Lebenswelt.

T6
- Richard Dawkins setzt sich vor allem mit der amerikanischen Bewegung des „Intelligent Design" (Kreationismus) auseinander. – Stellen Sie Informationen über diese Gruppe zusammen.
- Vergleichen Sie die Standpunkte von Kreationisten und Evolutionisten (wie Dawkins) bezüglich des Zustandekommens komplexer Organe und Lebewesen.
- Nehmen Sie Stellung zu Dawkins' Argument, dass die Evolutionslehre einen Gott als „Designer der Welt" widerlege.

T7
- Ordnen Sie die „Argumente des Atheismus" nach innerer Verwandtschaft: Aus welchem Begründungszusammenhang stammen die Argumente?
- Formulieren Sie zu einem der Argumente eine Gegendarstellung.
- Nehmen Sie Stellung zu der Aktion „Atheistenbus".

T8
- Arbeiten Sie aus den ersten beiden Texten auf S. 17 heraus, wie naturwissenschaftliche Methode und Wirklichkeitsverständnis zusammenhängen.

T9
- Formulieren Sie eine Erwiderung Platos und Kants auf den Wahrheitsanspruch der modernen Wissenschaften.

T10
- Diskutieren Sie aus der Sicht von T10 mit Vertretern von T8 bzw. T9.

Um den Streit zwischen naturwissenschaftlichem und philosophisch-theologischem Zugang zur Wirklichkeit zu entschärfen, wurde der sogenannte NOMA-Vorschlag gemacht: „Non-Overlapping-Magisteria"(= sich nicht überlappende Wissensbereiche): Theologe und Naturwissenschaftler seien wie zwei mit dem Rücken aneinander ge-

bundene Personen, die jeweils ein anderes Stück Wirklichkeit sehen und sich nur gegenseitig über ihre Erfahrungen berichten können. Ein Streit zwischen ihnen ist sinnlos, weil sie nie über dieselbe Sache reden.
- Prüfen Sie Chancen und Schwächen dieses Vorschlags.

 – Sammeln Sie die religionskritischen Thesen, die Ihnen in diesem Kapitel begegnet sind, und konfrontieren Sie sie mit Wörthers Funktionsbestimmung des Begriffs „Gott". Entwickeln Sie eine eigene Perspektive in der Auseinandersetzung von Atheismus und Gottesglaube.

Kompetenzen

Ich kann

- erklären, warum es notwendig ist, einen Unterschied zu machen zwischen der **Wirklichkeit**, wie wir sie erfahren, und der Wirklichkeit, wie sie ohne uns gedacht werden kann

- das grundlegende Wahrheits-Problem der **Erkenntnistheorie** formulieren und verschiedene Wahrheitsdefinitionen erklären

- die grundlegenden Positionen von Plato und Kant in der philosophischen **Erkenntnislehre** entfalten

- mich mit den religionskritischen Konsequenzen der Erkenntnistheorie sachgerecht auseinandersetzen

- die grundlegenden Gedanken der **Religionskritik** Ludwig Feuerbachs darstellen und mich kritisch damit auseinandersetzen

- unterschiedliche Zugänge von Theologie/Philosophie und Naturwissenschaft zur Wirklichkeit beschreiben und Möglichkeiten diskutieren, die daraus resultierenden Widersprüche zu überwinden

- die Argumente des modernen, naturwissenschaftlich geprägten **Atheismus** nachvollziehen und sie auf ihre philosophischen und weltanschaulichen Wurzeln zurückführen

- eine eigene Position zwischen **Atheismus** und Gottesglaube formulieren und begründen

2 Wahrheit und Wahrhaftigkeit

Nikolai Nikolajewitsch Gay, Was ist Wahrheit?, 1890

Für die Wahrheit einstehen?

Vom Märtyrertod des Bischofs Polykarp (155/156 n. Chr.)

Als Polykarp in die Arena geführt wurde, erhob sich ein großer Lärm. Der Prokonsul ermahnte ihn: „Nimm Rücksicht auf dein Alter! Schwöre beim Glück des Kaisers, sprich: Fort mit den Gottlosen!, lästere Christus, und ich lasse dich frei!" Da sprach Polykarp: „86 Jahre diene ich ihm und er hat mir nie ein Leid getan; wie kann ich meinen König lästern, der mich erlöst hat?" Der Prokonsul drohte: „Wilde Tiere stehen mir zur Verfügung, denen lasse ich dich vorwerfen, wenn du nicht nachgibst!"

Er aber sprach: „Rufe sie herbei! Eine Bekehrung vom Besseren zum Schlechteren gibt es für uns nicht!" Noch einmal wandte sich der Prokonsul an ihn: „Wenn du die Tiere nicht achtest und hartnäckig bleibst, so lasse ich dich verbrennen!"

Polykarp sprach: „Du drohst mir mit Feuer, das nur einige Zeit brennt und bald wieder erlischt. Du weißt nichts von dem Feuer des zukünftigen Gerichts und der ewigen Strafe, das den Gottlosen bestimmt ist. Was zögerst du? Hole herbei, was du willst!" Da schickte der Prokonsul einen Herold ab und ließ in der Mitte der Arena dreimal ausrufen: „Polykarp hat sich selbst als einen Christen bekannt!"

Die Menge lärmte ... und rief einstimmig, Polykarp solle lebendig verbrannt werden. Eilends holte sie aus den Werkstätten und Bädern Holz und Reiser herbei. ... Dann zündeten die Männer das Feuer an.

Vom Widerstand Martin Luthers vor dem Reichstag in Worms (1520)

„Weil denn Eure Kaiserliche Majestät und Kurfürstliche Gnaden eine schlichte Antwort begehren, so will ich eine solche geben, die weder Hörner noch Zähne haben soll, dermaßen: Wenn ich nicht mit Zeugnissen der Heiligen Schrift oder mit klaren, hellen Gründen der Vernunft überwunden werde – denn ich glaube weder dem Papst noch den Konzilien allein, weil am Tage ist, dass sie wiederholt geirrt und sich selbst widersprochen haben –, so bin ich überwunden durch die von mir angeführten Schriftstellen, und mein Gewissen ist gefangen in Gottes Wort. Daher kann ich nichts und will nichts widerrufen, weil es weder sicher noch heilsam ist, etwas wider das Gewissen zu tun. Hier stehe ich, ich kann nicht anders, Gott helfe mir. Amen."

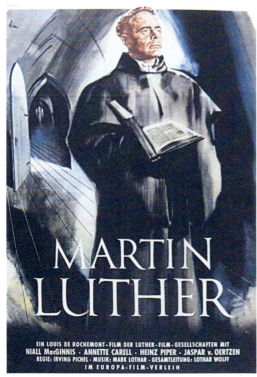

Martin Luther, Filmplakat, 1953

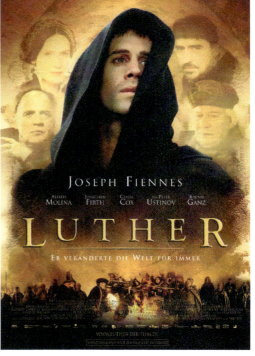

Martin Luther, Filmplakat 2003

Vom Mittelpunkt der Welt

*Giordano Bruno (1548–1600),
italienischer Dichter, Philosoph und Dominikanermönch. Er empfing 1572 die Priesterweihe.*

*Galileo Galilei (1564–1642),
italienischer Mathematiker, Physiker und Astronom.*

Bruno lehrte, dass die Unendlichkeit Gottes der Unendlichkeit des Weltraums entspreche und dass das Universum von ewiger Dauer sei. Die wiederentdeckten Ideen der antiken Naturphilosophie übten große Anziehung auf ihn aus. Zu dieser Zeit begann sich das von Nikolaus Kopernikus postulierte heliozentrische Weltbild durchzusetzen, dem er sich anschloss. Bruno wurde schließlich verhaftet und von der Inquisition wegen Irrlehre zum Tode verurteilt. Er reagierte auf den Urteilsspruch mit seinem berühmt gewordenen Satz:

„Mit größerer Furcht verkündet ihr vielleicht das Urteil gegen mich, als ich es entgegennehme."

Er schloss sich ebenfalls der Auffassung des Kopernikus an und vertrat mit Kepler und anderen das heliozentrische Weltbild, allerdings ohne diese Theorie letztlich beweisen zu können.
Die Inquisition verlangte, dass Galilei sein Behauptung, die Erde drehe sich um die Sonne, öffentlich widerrufe und – solange er sie nicht beweisen könne – auch nicht wiederhole. Dieser Forderung kam Galilei notgedrungen nach, auch wenn überliefert wird, er habe beim Verlassen des Gerichts vor sich hin gemurmelt:

„… und sie bewegt sich doch!"

Wahrheit ist nicht gleich Wahrheit
von Karl Jaspers

Glauben ist unterschieden vom Wissen. Giordano Bruno glaubte, und Galilei wusste. Äußerlich waren beide in der gleichen Lage. Ein Inquisitionsgericht verlangte unter Drohung des Todes den Widerruf.
5 Bruno war zum Widerruf mancher, aber nicht der für ihn entscheidenden Sätze bereit; er starb den Märtyrertod. Galilei widerrief die Lehre von der Drehung der Erde um die Sonne, und man erfand die treffende Anekdote von seinem nachher gesprochenen Wort: „Und sie bewegt sich doch!"
10 Das ist der Unterschied: **Wahrheit**, die durch Widerruf leidet, und Wahrheit, deren Widerruf sie nicht antastet. Beide taten etwas dem Sinne der von ihnen vertretenen Wahrheit Angemessenes. Wahrheit, aus der ich lebe, ist nur dadurch, dass ich mit ihr identisch werde; sie ist in ihrer Erscheinung geschichtlich, in ihrer
15 objektiven Aussagbarkeit nicht allgemeingültig, aber sie ist unbedingt. Wahrheit, deren Richtigkeit ich beweisen kann, besteht ohne mich selber; sie ist allgemein gültig, ungeschichtlich, zeitlos, aber nicht unbedingt, vielmehr bezogen auf Voraussetzungen und Methoden der Erkenntnis im Zusammenhang des Endlichen.
20 Es wäre unsachgemäß, für eine Richtigkeit, die beweisbar ist, sterben zu wollen. Wo aber der Denker, der des Grundes der Dinge inne zu sein glaubt, seine Sätze nicht zu widerrufen vermag, ohne dadurch die Wahrheit selber zu verletzen, das ist sein Geheimnis. Keine allgemeine Einsicht kann von ihm fordern, Märtyrer zu werden.
25 Nur, dass er es wird, und zwar wie Bruno nicht aus schwärmerischem Enthusiasmus, nicht aus dem Trotz des Augenblicks, sondern nach langer, widerstrebender Selbstüberwindung, das ist ein Merkmal echten Glaubens, nämlich der Gewissheit von Wahrheit, die ich nicht beweisen kann wie wissenschaftliche Erkenntnis von end-
30 lichen Dingen.

Karl Jaspers (1883–1969), deutscher Philosoph und Psychologe.

Die Übergriffe häufen sich

Interview des „Rheinischen Merkur" mit dem Anwalt Markus Rode, der den deutschen Zweig der Organisation „Open Doors" leitet, die sich weltweit um verfolgte Christen kümmert.

Frage: Indien gerät durch wachsende Spannungen zwischen den Religionen, vor allem zwischen Hindus und Muslimen, in die Schlagzeilen. Wie geht es der drittstärksten Religion, den Christen?

Antwort: Übergriffe häufen sich, vom Mord bis hin zu Zwangsrückbekehrungen und Angriffen.

Frage: Sind Christen die Hauptbetroffenen von Anschlägen und Druck?

Antwort: Was die Heftigkeit angeht, schon. Denn 16 Millionen der geschätzten 24 Millionen Christen in Indien gehören der untersten Kaste der Dalits, der Unberührbaren, an. Sie haben im hinduistischen Kastensystem keine Chance, sie sind arm, ihnen fehlt Bildung. Deshalb haben sich christliche Missionare besonders um sie bemüht. Für sie bedeutete der christliche Glaube eine Befreiung und eine Emanzipation. Aber damit stellen sie das System infrage.

Frage: Stimmt der Eindruck, dass Christen sich kaum gegen Übergriffe wehren? Weltweit sollen 90 Prozent der Opfer religiös begründeter Konflikte Christen sein.

Antwort: In Indien stimmt er in den allermeisten Fällen. Zum einen, weil die Bibel ausdrücklich fordert, sich nicht gegen religiöse Gewalt zu wehren, sondern sie zu erleiden. Und zum anderen, weil die Angreifer meist in geballten Massen kommen, wenn sie Christen einschüchtern oder verprügeln.

Frage: Wie muss man sich eine Rückbekehrung vorstellen?

Antwort: Die Situation führte in den vergangenen Monaten zu immer mehr Zwangsveranstaltungen. Ein Mob aus den fundamentalistischen Gruppen treibt Christen zusammen. Wie uns indische Christen erzählen, werden einige bestochen oder unter Druck gesetzt, sodass sie als Erste vor dem gesamten Publikum zum Hinduismus zurückkehren. Unter Drohungen und mitunter auch Prügeleien kommen andere nach. Es erfordert dann schon viel Mut, beim Bekenntnis zum Christentum zu bleiben. Und die Polizei lässt die hinduistischen Gruppen gewähren.

Frage: Sehen Sie Möglichkeiten für die 24 Millionen Christen, sich besser gegen Übergriffe zu schützen?

Antwort: (…) Die Christen in Indien sind auf die Weltchristenheit angewiesen.

Journalisten, Märtyrer der Wahrheit

Medien-Profis sollten sich dem Dienst am Gemeinwohl verschreiben

ROM, 5. Mai 2008. – Journalisten, die ihr Leben und ihre Freiheit aufs Spiel setzen, um die Wahrheit zu verteidigen, sind beredte Zeugen der hohen Berufung von Medien-Profis, erklärte vor kurzem Msgr. Paul Tighe, Sekretär des Päpstlichen Rates für die Sozialen Kommunikationsmittel.

Aus Anlass des Internationalen Tages der Pressefreiheit, der von der UNESCO jährlich am 3. Mai ausgerufen wird, soll an die Verletzung von Informations- und Freiheitsrechten in vielen Staaten der Welt erinnert werden. Nicht nur in totalitären Staaten gibt es Anschläge auf die völkerrechtlich garantierte Presse- und Meinungsfreiheit, werden Journalistinnen und Journalisten mit Gewalt und Terror unter Druck gesetzt und mit Strafen belegt. Medien werden zensiert oder verboten. Besorgnis erregend ist, dass immer häufiger Journalisten bei der Ausübung ihres Berufes ums Leben kommen, so die UNESCO.

Papst Benedikt XVI. hat die Medienmitarbeiter zum 42. Welttag der sozialen Kommunikationsmittel aufgerufen, verantwortungsbewusst mit der Wahrheit umzugehen. Das Motto, das der Heilige Vater für den besonderen Tag ausgesucht hat, lautet: „Die Medien am Scheideweg zwischen Selbstdarstellung und Dienst. Die Wahrheit suchen, um sie mitzuteilen."

„Viele Journalisten auf der ganzen Welt haben aufgrund dieser Verpflichtung Verfolgung, Inhaftierung und sogar den Tod erlitten. Sie waren nicht bereit, angesichts von Ungerechtigkeit und Korruption zu schweigen." Das Zeugnis dieser Menschen sei ein „beredter Beweis für die höchsten Standards, nach denen die Medien streben können, und ihr Beispiel kann dazu dienen, das bei allen Medien-Profis der Einsatz für die Wahrheit und somit der Dienst am Gemeinwohl der ganzen Menschheit stärker wird."

PRESSEFREIHEIT

Wahrheit als Medienqualität

von Hans Norbert Janowski

„Er lügt wie ein Augenzeuge" – so stellt ein russisches Sprichwort lapidar fest. Die Subjektivität des Zeugen und Betrachters schränkt den Blick ein, legt ihn auf eine Perspektive fest, bindet ihn womöglich an ein Interesse. Die Medien – ob gedruckt, gezeichnet oder elektronisch – fügen diesen Rahmenbedingungen noch weitere Konditionen hinzu: Sie geben nur einen Ausschnitt, sie wählen aus, fügen das Dargestellte in einen neuen Kontext ein, sie interpretieren, womöglich nach künstlerischen, dramaturgischen Gestaltungsregeln; sie inszenieren, auch wenn sie informieren und dokumentieren. In den elektronischen Medien verschwimmen zudem Realität und Fiktion ineinander. Darüber hinaus gestattet die Computertechnik heute Bildersimulationen und Manipulationen, die Realitäten bewusst fingieren. Die Fälschung zieht sich von der Konstantinischen Schenkung bis zu den Hitler-Tagebüchern, der Golfkriegsberichterstattung und den Manipulationen der Born-„Reportagen" in einer ansteigenden Linie durch die Geschichte der Medien. Heute dringt sie weit über die Grenzen der naturgegebenen subjektiven Perspektivität der Berichterstattung bis in die gehütetsten Bezirke der Nachrichtenmedien vor. Dabei mischt sich nicht selten ein unschuldiger „Gestaltungswille" unter die treuherzig vorgetragene Tatsachenbehauptung.

   Sind die Medien also nur beschränkt wahrheitsfähig? Dagegen sprechen nach wie vor unzählige Indizien. Allein die Genauigkeit, mit der Schiedsrichterentscheidungen im Fußball überprüft werden können und bei Attentaten Investigationshilfe geleistet werden kann, macht deutlich, dass die natürlichen Gegebenheiten und Grenzen der Medien als Instrumente der Vermittlung und Interpretation dem Willen zur Übermittlung von Tatsachen und wahren Sachverhalten nicht im Wege stehen müssen. Es kommt auf den Umgang mit den Realitäten und insofern auf das Verhalten des Berichterstatters an. Das Kriterium „Realitätsnähe" hängt aufs engste mit dem Willen zur Wahrhaftigkeit zusammen; die Beherrschung des Handwerkszeugs und der Einsatz der Mittel haben dabei eine notwendige, aber dienende Funktion. Vertrauen in die Berichterstattung und Erwartungssicherheit sind die konstitutiven Elemente einer öffentlichen Kommunikation in demokratischen Gesellschaften. Dies gilt zumal, wenn zutrifft, dass im Vollsinn wirklich ist, worüber in den Medien berichtet wird. Wird das Fundament der Glaubwürdigkeit brüchig, zerfällt auch das Gebäude der sozialen Institutionen.

Hans Norbert Janowski (geb. 1938), evangelischer Theologe und Journalist.

Die Macht und die Ohnmacht der Bilder

von Gerhard Paul

Mit ihren Attacken auf New York und Washington hatte Bin Ladens Terrorgruppe Al Qaida zweifellos die größten Bilder der Mediengeschichte geschaffen, die sich als Trauma in die kollektive Psyche der Amerikaner einbrennen werden. Die Medien sprachen
5 seinerzeit fast unisono von den stärksten Bildern des neuen Jahrhunderts.

Der Schlag gegen den Irak durfte der Attacke von 2001 in nichts nachstehen. Nicht die Bombardierung Mekkas, wohl aber der für das globale Publikum inszenierte und live übertragene Angriff auf
10 Bagdad war Amerikas Antwort im Bilderkrieg auf Nine Eleven und zugleich ein Signal an die islamische Welt. Mit beeindruckenden Bildern und Inszenierungen hofften die USA nun, die im asymmetrisch gewordenen Krieg zeitweise verloren gegangene globale Bilderhoheit zurückzugewinnen und zugleich das Trauma
15 des 11. September zu bewältigen. (…)

Vor allem das World Wide Web hat dem Irak-Krieg seinen Stempel aufgedrückt und nicht unwesentlich zur Niederlage der USA im Bilderkrieg beigetragen. Per Weblogs und mit Hilfe von unabhängigen Internet-Diensten konnten sich User erstmals weltweit
20 jenseits der Kanäle der konventionellen Berichterstattung über die „anderen" Seiten des Krieges informieren und/oder ihre eigenen Sichtweisen ins Netz stellen. So wie die psychodelische Musik den Soundtrack zum Vietnam-Krieg lieferte, waren die Blogs das den Irak-Krieg eigentlich charakterisierende kulturelle Phänomen.
25 Über das Internet fanden die pornografischen Bilder aus dem Foltergefängnis Abu Ghraib in die Welt.

Über das Internet vertrieben aber auch Aufständische und Terroristen ihre unmenschlichen Videosequenzen und Fotografien direkt in die Redaktions- und Wohnstuben der Amerikaner. Die Bedeu-
30 tung dieser neuen, kaum beherrschbaren Verbreitungswege hatten die Strategen des Pentagon bei ihren Planungen vermutlich nur ungenügend ins Kalkül gezogen. Die Kriege der Zukunft werden daher – da muss man kein Prophet sein – noch stärker als bisher auf die Kontrolle bzw. Zerstörung dieser elektronischen Kommu-
35 nikationstechnologien gerichtet sein.

Und ebenso wenig scheint man sich im Weißen Haus und im Pentagon der komplizierten Dialektik der äußeren und der inneren Bilder des geplanten Krieges bewusst gewesen zu sein. Das äußere, militärische Geschehen setzte sich schon immer in innere Bilder um, mit denen Ängste oder auch Demütigungen verbunden waren, die wiederum neue Kampfhandlungen und Vergeltungsmaßnahmen provozieren konnten. Vor allem die subversive, letztlich nicht kalkulierbare Kraft der inneren Bilder wurde sträflich unterschätzt. (…)

Und noch etwas offenbarte der Irak-Krieg. Nur mehr bebilderte bzw. bebilderbare Kriege haben überhaupt eine Chance auf eine globale Berichterstattung und damit auf Aufmerksamkeit. Nur jene Ereignisse und Skandale des Irak-Krieges nämlich kamen ans Licht der Öffentlichkeit und wurden damit zum Gegenstand eines Diskurses, von denen es Bilder gab. Dies belegte eine Studie, die exemplarisch die Berichterstattung der deutschen Medien zum Gefängnisskandal von Abu Ghraib untersuchte. Obwohl diese bereits lange zuvor durch Berichte von Menschenrechtsorganisationen von den Folterexzessen in dem Gefängnis informiert waren, setzte die weltweite Berichterstattung erst mit den von CBS ausgestrahlten Fernsehbildern ein. Erst die Existenz von Bildern konnotierte die Ereignisse mit Bedeutsamkeit. Erst was sich in Bilder übersetzte, schien überhaupt existent zu sein und damit eine Chance zu besitzen, in die internationale Berichterstattung zu gelangen.

Der postmoderne Bilderkrieg, wie wir ihn im Irak haben aufblitzen sehen, stellt damit nicht nur neue Anforderungen an den Journalismus, sondern vor allem an uns selbst, die wir als beteiligte Zuschauer und damit virtuelle Kombattanten heute unmittelbar mit diesen Bildern konfrontiert werden. Nicht der Verbannung der Bilder aus der öffentlichen Kommunikation soll hier das Wort geredet werden; als Medien der Emotionskommunikation sind sie ebenso wichtig wie rein kognitive Informationen. Eine zentrale friedenspädagogische Aufgabe der Zukunft ist es vielmehr, die allgemeinen medienkritischen Kompetenzen des Publikums zu stärken und speziell dessen Fähigkeit zu entwickeln, die Sprache der Bilder des Krieges zu dechiffrieren, deren Interessengebundenheit zu deuten und die Bilder in ihre politischen Entstehungskontexte einzuordnen. Nur auf diese Weise haben wir überhaupt eine Chance, den Bildern des Krieges langfristig ihre destruktive Wirkungskraft zu entziehen.

„imaginierte Welt", S. 64

Gerhard Paul (geb. 1950), Historiker.

Aufgaben

Abbildungen haben keine eigene Nummerierung; sie werden in die Zusammenhänge der Aufgaben um Text (T1 …) eingebettet.

T1
- Gestalten Sie die drei Gesprächsgänge zwischen Polykarp und dem Prokonsul dramatisch. Arbeiten Sie Polykarps Argumente und seine Logik heraus.
- Die ersten christlichen Gemeinden haben ihre Märtyrer verehrt, aber sie wussten nicht so recht, wie man mit Gemeindegliedern umgehen soll, die ihren Glauben vor Angst verleugneten. Erörtern Sie, ob man aufhört Christ zu sein, wenn man seinen Glauben verleugnet.

T2
- Sprechen Sie Luthers Worte vor der Klasse. Probieren Sie dazu verschiedene Posen und Stimmführungen. Die beiden Luther-Poster können Ihnen als Beispiele dienen.
- Entwerfen Sie Situationen, in denen Sie heute zum Bekenntnis/zum Widerstand aufgerufen sein könnten. Nennen Sie Ihre Kriterien, nach denen Sie sich für oder gegen eine Bekenneraktion entscheiden würden.
- Deuten Sie die beiden unterschiedlichen Luther-Darstellungen auf den Film-Plakaten und gehen Sie dabei auf die Körpersprache und die einzelnen Bildelemente ein. Diskutieren Sie die These: „In Religionssachen ist heute kein Bekennermut mehr gefragt; das ist jetzt eher eine Sache der privaten Überzeugungen und des subjektiven Gefühls".

T3
- Vergleichen Sie Position, Prozessverlauf und -ausgang bei Giordano Bruno und Galileo Galilei. Ziehen Sie weiteres Material heran (z.B. auch das Drama Galileo Galilei von Bert Brecht).

T4
- Erläutern Sie Jaspers' These und arbeiten Sie heraus, was diese für Polykarp und die Märtyrer der Alten Kirche bzw. für Martin Luther bedeuten würde.
- „Was ist Wahrheit?", fragt Pontius Pilatus auf dem zum Einstieg ins Kapitel abgedruckten Gemälde von Nikolai Nikolajewitsch Gay. Erschließen Sie sich den Kontext des Zitats (Joh 18,37f.) und entfalten Sie die Frage des Pilatus vor dem Hintergrund der betrachteten „Fälle" von Polykarp bis Galilei.

T5
- Erläutern Sie die soziale Dimension religiöser Wahrheitsansprüche an diesem und anderen Beispielen und prüfen Sie, ob daraus Gründe erwachsen, die christliche Mission zu unterlassen?
- Vergleichen Sie die Situation der ersten Märtyrer im römischen Reich mit modernen Verfolgungssituationen.

T6
- „Die Wahrheit suchen, um sie mitzuteilen" – prüfen Sie, ob diese Verpflichtung der Journalisten für christliche Journalisten in besonderer Weise zu gelten hat; berücksichtigen Sie ggf. biblische Belege.
- Erarbeiten Sie einen Vortrag über die Organisation „Reporter ohne Grenzen" und deren Einsatz für die Wahrheit.

T7
- „Er lügt wie ein Augenzeuge" – Untersuchen Sie die Berechtigung dieses Satzes und arbeiten Sie heraus, welche Schlussfolgerungen sich für die Bewertung von Nachrichtenmedien ergeben.
- „Im Vollsinn wirklich ist, worüber in den Medien berichtet wird" – Belegen Sie diese These mit Erfahrungen aus der Lebenswelt. Zeigen Sie Konsequenzen solcher Medienmacht auf.
- Entwerfen Sie zehn Regeln, denen sich jeder Journalist unterwerfen sollte.

T8
- Besorgen Sie sich die Bilder, von denen hier die Rede ist, und erläutern Sie jeweils am Beispiel, was sie zu inneren Bildern und Ikonen macht.
- Sammeln Sie weitere Bilder mit hohem Symbolgehalt und arbeiten Sie Ihre Wirkung heraus.
- Vergleichen Sie solche Bilder in ihrer Funktion mit religiösen Motiven.

Im Gesamtzusammenhang des Kapitels:
- Bewerten Sie die Position des Internets in der Frage von Medien und Wirklichkeit.

Kompetenzen

Ich kann

- das Problem der Wahrhaftigkeit und des Einstehens für die **Wahrheit** an verschiedenen Personen und Situationen darstellen

- zwischen objektiv-neutralen und lebensbedeutsamen Wahrheiten unterscheiden und mir ein Urteil darüber bilden, wann das Einstehen für die Wahrheit geboten ist

- Wahrheiten benennen, die für mich lebensbedeutsam sein könnten, und die Situationen schildern, in denen ich für diese Wahrheiten einstehen möchte

- begründen, warum Christen der Wahrheit in besonderer Weise verpflichtet sind und an Beispielen zeigen, welchen Mut es erfordert, als Journalist „die Wahrheit zu suchen, um sie mitzuteilen"

- die wichtige Rolle, die die Medien beim Zustandekommen der Vorstellung von der **Wirklichkeit** spielen, einschätzen und beschreiben, welche Probleme zu einem Auseinanderklaffen von Medienwirklichkeit und Realität führen

- mich anhand von Beispielen kritisch mit medial verbreiteten Wahrheiten auseinandersetzen und darlegen, wie von den Medien verbreitete Bilder zu inneren, symbolischen Bildern der Wahrheit aufgeladen werden können

- Möglichkeiten aufzeigen, wie man mediale Manipulation erkennen, ihre Mechanismen aufdecken und zum mündigen Mediennutzer werden kann

3 Wahrheit und Toleranz

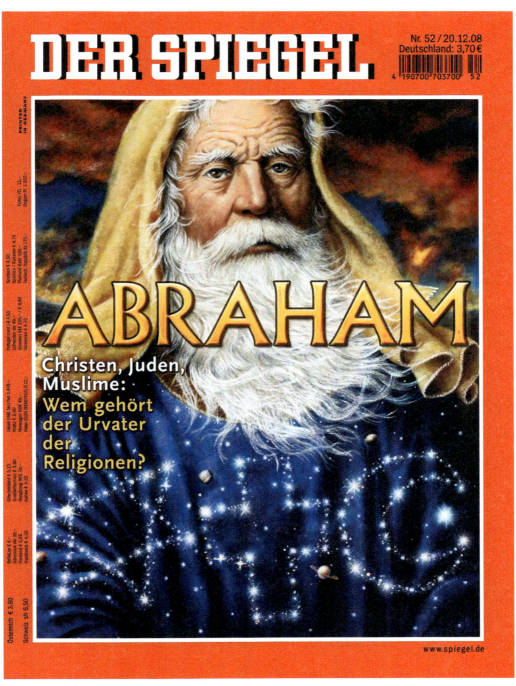

DER SPIEGEL, Ausgabe 52/08

Der Streit um den echten Ring

*Gotthold Ephraim Lessing (1729–1781):
Deutscher Dichter, Kritiker und Philosoph, dessen Hauptanliegen die Förderung von Toleranz und Humanität war.
Lessings dramatisches Gedicht „Nathan der Weise" handelt vom Streit um die Wahrheit zwischen Judentum, Christentum und Islam: Welche Religion hat die Offenbarung des Urvaters Abraham treu bewahrt und kann als die „wahre Religion" gegenüber den falschen Ansprüchen der beiden anderen Religionen auftreten?
Im Drama wird diese Frage mit Hilfe einer Parabel beantwortet. Die Religionen gleichen drei Ringen, die täuschend ähnlich sind, von denen aber nur einer echt sein kann. Der echte Ring hat die wunderbare Eigenschaft „vor Gott und Menschen angenehm zu machen"; Ein Richter, wird damit beauftragt, den Streit zu entscheiden.*

Der Richter sprach: Wenn ihr mir nun den Vater nicht bald zur Stelle schafft, so weis ich euch / Von meinem Stuhle. Denkt ihr, dass ich Rätsel / Zu lösen da bin? Oder harret ihr, / Bis dass der rechte Ring den Mund eröffne?

Doch halt! Ich höre ja, der rechte Ring / Besitzt die Wunderkraft beliebt zu machen; / Vor Gott und Menschen angenehm. Das muss / Entscheiden! Denn die falschen Ringe werden / Doch das nicht können!

Nun; wen lieben zwei / Von Euch am meisten? – Macht, sagt an! Ihr schweigt? / Die Ringe wirken nur zurück? und nicht / Nach außen? Jeder liebt sich selber nur / Am meisten?

Oh, so seid ihr alle drei / Betrogene Betrüger! Eure Ringe / Sind alle drei nicht echt. Der echte Ring / Vermutlich ging verloren. Den Verlust / Zu bergen, zu ersetzen, ließ der Vater / Die drei für einen machen. (…)

Und also, fuhr der Richter fort, wenn ihr / Nicht meinen Rat, statt meines Spruches, wollt: Geht nur! – Mein Rat ist aber der: ihr nehmt / Die Sache völlig wie sie liegt.

Hat von / Euch jeder seinen Ring von seinem Vater: / So glaube
20 jeder sicher seinen Ring / Den echten. – Möglich; daß der Vater
nun / Die Tyrannei des einen Rings nicht länger / In seinem Hause
dulden wollen! Und gewiß; / Daß er euch alle drei geliebt, und
gleich / Geliebt: indem er zwei nicht drücken mögen, / Um einen
zu begünstigen.
25 Wohlan! Es eifre jeder seiner unbestochnen / Von Vorurteilen
freien Liebe nach! Es strebe von euch jeder um die Wette, / Die
Kraft des Steins in seinem Ring an Tag / Zu legen! komme dieser
Kraft mit Sanftmut, / Mit herzlicher Verträglichkeit, mit Wohl-
tun, / Mit innigster Ergebenheit in Gott / Zu Hilf'!
30 Und wenn sich dann der Steine Kräfte / Bei euern Kindes-Kin-
deskindern äußern: / So lad ich über tausend tausend Jahre /
Sie wiederum vor diesen Stuhl. Da wird / Ein weiserer Mann auf
diesem Stuhle sitzen / Als ich; und sprechen. Geht! – So sagte
der / Bescheidne Richter.

Die Erziehung des Menschengeschlechts

Von Gotthold Ephraim Lessing

§1   Was die Erziehung bei dem einzelnen Menschen ist,
   ist die Offenbarung bei dem ganzen Menschengeschlechte.

§4   Erziehung gibt dem Menschen nichts, was er nicht
   auch aus sich selbst haben könnte: sie gibt ihm das, was er
         aus sich selber haben könnte, nur geschwinder und leichter.
Also gibt auch die Offenbarung dem Menschengeschlechte nichts,
         worauf die menschliche Vernunft, sich selbst überlassen,
   nicht auch kommen würde: sondern sie gab und gibt ihm
            die wichtigsten dieser Dinge nur früher.

Die Unmöglichkeit der reinen Offenbarungsreligion

von Hermann Samuel Reimarus

Wenn nur einige im Volk eine **Offenbarung** unmittelbar bekommen und sie bezeugen andern Menschen, was ihnen offenbaret ist: So bekommen die andern Menschen diese Nachricht von Menschen. Es ist also nicht mehr eine göttliche Offenbarung, sondern ein menschlich Zeugnis von einer göttlichen Offenbarung.

Wenn denn die Offenbarung auch nur zu einer gewissen Zeit geschähe, hernach aber durch Menschen fortgepflanzt werden sollte: So verlieret sie immer mehr von ihrer Glaubwürdigkeit, da sie von Hand zu Hand, von Mund zu Mund gehet, und da nun nicht *eines* oder weniger Menschen Einsicht und Ehrlichkeit, sondern auch so vieler Tausende zu verschiedenen Zeiten Leichtgläubigkeit und Eigennutz müsste untersucht werden; welches zu tun fast unmöglich ist.

Da nun Gott nach seiner Weisheit und Güte, wenn er alle Menschen selig haben will, dasjenige nicht zum notwendigen und einzigen Mittel der Seligkeit machen kann, welches den allermeisten schlechterdings unmöglich fällt zu bekommen, anzunehmen und zu gebrauchen: So muss gewiss die Offenbarung nicht nötig und der Mensch für keine Offenbarung gemacht sein.

Es bleibt der einzige Weg, dadurch etwas allgemein werden kann, die Sprache und das Buch der Natur, die Geschöpfe Gottes und die Spuren der göttlichen Vollkommenheiten, welche darin als in einem Spiegel allen Menschen, so gelehrten als ungelehrten, so Barbaren als Griechen, Juden und Christen, allerorten und allerzeiten sich deutlich darstellen.

„Deismus", S. 136, 143

Diese Schrift wurde von Lessing herausgegeben.

Hermann Samuel Reimarus (1694–1768), Gymnasialprofessor in Hamburg für orientalische Sprachen; Vertreter des **Deismus** und Wegbereiter der Bibelkritik.

Moderne Deisten?

Gottes Liebe ist unbedingt
von Michael von Brück

Christlich gesprochen lässt sich das Argument so zuspitzen: Wenn Gott unbedingt liebt, kann diese Liebe nicht nur bestimmte Menschen betreffen und andere ausschließen. Sonst wäre die Liebe bedingt. Also muss nach der Heilslogik unbedingten Liebens das
5 Heil faktisch universal sein. Weil demzufolge Gottes Liebe auch jedem menschlichen Erkennen derselben vorausgeht, sind alle Menschen im Heil, ob sie es wissen oder nicht. Erkenntnis ist Überwindung des Zweifels und die existentielle Realisierung dieser Heils-Einsicht, die symbolisch z.B. unter den partikularen **Sym-**
10 **bolen** des mystischen Leibes Christi oder der universalen Buddha-Natur versprachlicht worden ist. Dieses Geschenk Gottes ist für Christen in Jesus Christus unzweideutig erschienen, aber nicht nur dort, wie die Logik des Heils und auch die tatsächliche Heilsgeschichte vor, nach und außerhalb christlicher Heilsdeutung lehrt.

Glaubensvielfalt und Wahrheitssuche
von John Hick

Wir gleichen einer Gruppe von Menschen, die ein langes Tal hinunterwandern, dabei ihre eigenen Lieder singen und im Laufe der Jahrhunderte ihre eigenen Geschichten und Slogans entwickelt haben, ohne sich der Tatsache bewusst zu sein, dass jenseits des
5 Hügels ein anderes Tal liegt, das von einer weiteren großen Gruppe von Menschen durchwandert wird, die in derselben Richtung unterwegs sind und ebenfalls ihre eigene Sprache, ihre eigenen Lieder, Geschichten und Gedanken haben, und dass es jenseits eines weiteren Hügels noch eine Gruppe gibt. Keine dieser
10 Gruppen weiß von der Existenz der anderen. Doch eines Tages erreichen alle dieselbe Ebene, nämlich jene Ebene, die durch die weltweiten modernen Kommunikationsmittel entstanden ist. Jetzt sehen sie einander und fragen sich, was sie miteinander anfangen sollen.

Hick und *von Brück* bemühen sich darum, ein Gottesbild zu entwerfen, das mehrere (alle) Religionen zufrieden stellt. Sie gelten deshalb als Vertreter einer pluralistischen Theologie.

Religion im Plural?

Hindu-Weisheiten

Es ist nicht wichtig, ob man mit einer Leiter, einem Strick oder mit einer Treppe auf das Dach des Hauses gelangt.

 Blinde, die einen Elefanten ertasten, beschreiben ihn ganz verschieden und meinen doch alle dasselbe.

Viele Bäche kommen aus den Bergtälern und vereinigen sich zur großen Mutter Ganga (Ganges), um schließlich ins unendliche Meer zu gelangen.

Ein Gott trägt unendlich viele Gesichter; für jeden Menschen ein anderes.

Begegnung der Religionen – aber wie?

von Hans-Martin Barth

1. Die säkulare Option geht davon aus, dass die verschiedenen Absolutheitsansprüche der Religionen sich gegenseitig aufheben.
2. Die zweite Option unterstellt die Religionen einer gemeinsamen ethischen Aufgabe. „Kein Überleben ohne ein Weltethos – Kein Weltfriede ohne Religionsfrieden – Kein Religionsfriede ohne Religionsdialog"
3. Eine dritte Option geht davon aus, dass sich die verschiedenen Religionen, so unterschiedlich sie sich auch präsentieren mögen, auf einen letztendlich identischen gemeinsamen Grund beziehen.
4. Die vierte Option gilt als politisch inopportun, ist aber wahrscheinlich die am ehesten realistische: Die Auseinandersetzung um die **Wahrheit** muss zwischen den verschiedenen Religionen und Weltanschauungen geführt und ausgetragen werden, auch wenn dies für alle Beteiligten mit Schmerzen verbunden sein wird.

Offenbarung als Schlüsselerlebnis

von Hans-Martin Barth

Christliche Wahrheitsgewissheit gründet sich auf einen Erfahrungszusammenhang – auf den Zusammenhang von eigener Lebenserfahrung, Erfahrung der ersten Glaubenden und der vielen, die ihnen gefolgt sind, und von der Erwartung weiterführender Er-
5 fahrung in der lebendigen Begegnung mit Jesus Christus.
  Sie gewinnt sich nicht durch Rückgriff auf ein Paket von Informationen, „Offenbarung" genannt. Zeugnisse von Offenbarung wurden nie anders gewonnen als in derartigen Erfahrungszusammenhängen. Christliche Wahrheitsgewissheit kann sich daher im Blick auf
10 ihre Inhalte nie absolut setzen.
  Offenbarung ist ein Schlüsselerlebnis, das einen Menschen dazu führt, sein Leben und dessen Kontext zu deuten und zu gestalten, das sich bewahrheitet und vertieft und das sich transsubjektiv vermittelt, also Gemeinschaft stiftet.
15 Immer wieder hat solches Schlüsselerleben Orientierung vermittelt und Engagement ausgelöst, Gemeinschaft gestiftet oder bestärkt. Im „Gedenken" wurde das unter Umständen vor Zeiten ganz anderen Menschen zuteil gewordene Schlüsselerleben je und je vergegenwärtigt. In der wirkmächtigen Verkündigung und in der
20 Feier der Sakramente hat sich das mit der Gestalt Jesu verbundene Schlüsselerleben der ersten Jünger und Jüngerinnen immer neu als erschließend, ordnend, stabilisierend, motivierend und gemeinschaftsbildend erwiesen.
  Der Stein fällt ins Wasser – die Wasseroberfläche verändert sich;
25 es wäre eine unsachgemäße Reduktion und letztlich sinnlos, den Stein analysieren zu wollen, sofern er nicht ins Wasser fiele. Inhalt und Rezeption von Offenbarung sind nicht voneinander zu trennen; unabhängig von ihrer Rezeption kann vom Inhalt der Offenbarung nicht sachgemäß gesprochen werden.

Hans-Martin Barth (1939), evangelischer Theologe.

Personale Wahrheit

Tilman Riemenschneider,
Der Evangelist Johannes, 1490–1492

 T9 Die **Wahrheit**, die Gott den Menschen offenbart hat, ist für den christlichen Glauben keine Lehre, kein heiliges Buch und kein Geheimwissen über die Welt und über Gott. Die Wahrheit ist eine Person, ein Mensch: Jesus Christus.

Die richtige Weise, von dieser Wahrheit Gebrauch zu machen, ist die, sich auf Jesus Christus zu verlassen, nur von ihm Rettung, Erlösung und Befreiung zu erhoffen.

Der Glaube verleiht kein überlegenes Wissen und keine klarere Erkenntnis der Welt; er schenkt aber dem glaubenden Menschen ein Gegenüber für sein Gebet.

Der Evangelist Johannes lässt Jesus in seinem Evangelium sprechen:

Ich bin der Weg, die Wahrheit und das Leben;
niemand kommt zum Vater denn durch mich.

(Joh 14,6)

Wie Schuppen von den Augen

 T10 Im Neuen Testament ist von Jesus die Rede, von seinem Auftreten, seiner Predigt und seinen Taten. Es wird über seine Leidensgeschichte und seinen Tod am Kreuz berichtet. All das ist keine unmittelbare **Offenbarung** Gottes, sondern ein Bericht, der an historischen Umständen orientiert ist. Zur Offenbarung wird es erst, als dieses Geschehen von den Jüngern als **Schlüsselerlebnis** verstanden werden kann.

Die Jünger haben Jesus sterben sehen, so wie viele gestorben sind. Aber an seinem Tod ist ihnen etwas Besonderes aufgegangen: Der Tod ist nicht das Ende. Gott verabschiedet sich nicht, wenn man stirbt. Im Gegenteil – man stirbt zu ihm hin. Jesus ist zu ihm hin gestorben und von ihm bewahrt worden.

Den Jüngern fällt es wie Schuppen von den Augen: Man muss keine Angst vor der Gewalt, dem Misserfolg, dem Scheitern, ja, dem Tod haben. Gott rettet. Wenn nicht in diesem Leben, dann in einer anderen Welt. Nichts kann die Menschen von seiner Liebe trennen.

So haben die Jünger ihr Schlüsselerlebnis gedeutet und es „Auferstehung" genannt. Es wurde zum „Schlüssel", mit dem sie ihr Leben neu verstanden haben. Sie haben ihre Erfahrung weitergegeben, natürlich auch an Menschen, die Jesus gar nicht kannten. Viele haben diese Botschaft vom rettenden Gott, der auch durch den Tod hindurch trägt und gerade die Menschen nicht im Stich lässt, die alle Hoffnung verloren haben, bis heute angenommen und sind Christen geworden. Im Neuen Testament sind diese Ereignisse und das Wachsen der neuen Glaubensgemeinschaft festgehalten.

Das Leben, Sterben und Auferstehen Jesu Christi ist für sie zur „Offenbarung Gottes" geworden. An seiner Geschichte wurde immer wieder erklärt, wer Gott ist. Deshalb wird das Neue Testament von Christen als „Offenbarungsurkunde" angesehen.

Niemand kann ausschließen, dass Gott sich auch noch in anderer Weise offenbart und wenn heute Religionsvertreter miteinander ins Gespräch kommen, steht es Christen gut an, genau zuzuhören. Vielleicht lässt sich in dem, was die anderen über ihren Glauben berichten, ja etwas erkennen, was der eigenen christlichen Grunderfahrung entspricht. Vielleicht ist es ja auch bereichernd – und nicht nur schmerzhaft – herauszufinden, dass in einer anderen Religion das menschliche Leben und seine Zielbestimmung völlig anders aufgefasst werden. Möglicherweise wird man sich erst in einem solchen Religionsgespräch völlig darüber klar, was den eigenen Glauben im Tiefsten ausmacht.

Die Wahrheitsgewissheit, die sich für den einstellt, der aus seiner Schlüsselerfahrung heraus lebt und denkt, macht keineswegs überheblich. Und sie führt auch nicht zu übereifrigen Missionsversuchen, denn sein Leben im Lichte der christlichen Botschaft neu zu verstehen, ist eine Gabe Gottes und nichts, worüber Menschen verfügen.

Die Wahrheit – erst am Ende?

 Gott hält das Weltbuch in der Hand, auf dessen Seiten Anfang und Ende, Alpha und Omega, geschrieben stehen. Der Weg zur **Wahrheit** und zur Erkenntnis ist für Gott schon abgeschlossen. Was für uns eine Geschichte mit offenem Ende ist, das ist für Gott schon geschehen. Er hält Anfang und Ende in seiner Hand.

Paulus schreibt:

Wir sehen jetzt durch
einen Spiegel ein dunkles Bild;
dann aber von Angesicht
zu Angesicht.

Jetzt erkenne ich stückweise;
dann aber werde ich erkennen,
wie ich erkannt bin.

1 Kor 13

Aufgaben

Abbildungen haben keine eigene Nummerierung; sie werden in die Zusammenhänge der Aufgaben zum Text (T1 …) eingebettet.

Titelblatt:
- Analysieren Sie Aufbau und Wirkung des Titelblatts.
- Skizzieren Sie, welche Inhalte Sie im zugehörigen Artikel vermuten.
- Erörtern Sie die Relevanz der Frage nach Abraham für die (eher nicht religiöse oder religionskritische) Leserschaft des Magazins „Der Spiegel".

T1
- Arbeiten Sie heraus, wie Lessings „weiser Richter" in der Ringparabel die Frage nach der wahren Religion löst. Ziehen Sie dazu den Gesamttext zurate (Nathan der Weise).
- Setzen Sie das Kriterium des „weisen Richters" in Beziehung zu der protestantischen Grundüberzeugung, dass kein Mensch sich durch „gute Werke" Gottes Gnade verdienen kann.

T2
- Untersuchen Sie Lessings Auffassung von der Religion anhand seiner Thesen zur Erziehung.
- Nehmen Sie zu Lessings Offenbarungsverständnis Stellung und prüfen Sie, ob der Streit der Religionen damit zu lösen ist. Berücksichtigen Sie dabei das Selbstverständnis der Religionen.

T3
- Die Schriften des Reimarus wurden von Lessing anonym herausgegeben. Arbeiten Sie heraus, welche seiner Argumente in einer kirchlich geprägten Öffentlichkeit Anstoß erregen mussten.
- Informieren Sie sich über den Begriff „Deismus" und entwickeln Sie Kriterien dafür, ob der Deismus eine legitim christliche Position genannt werden kann.

T4
- Untersuchen Sie, ob und inwieweit diese modernen Positionen sich auf die Aufklärer Lessing und Reimarus zurückführen lassen.

T5
- Arbeiten Sie heraus, welche Lösung Hicks' Gleichnis für den Streit der Religionen um die Wahrheit nahe legt.

T6
- Gestalten Sie zu den Hindu-Weisheiten und zu T5 je eine Skizze.
- Bewerten Sie die Aussagekraft der Karikatur.
- Entwerfen Sie ein eigenes Alternativ-Bild zum Thema „Das Verhältnis der Religionen zueinander".

T7
- Setzen Sie Barths „Optionen" in Beziehung zu den Positionen, die Sie schon kennengelernt haben (Lessing, Reimarus, von Brück, Hick).
- Informieren Sie sich über das Projekt „Weltethos" von Hans Küng und ordnen Sie es in Ihren Kanon der Positionen ein.
- Wie geht es weiter im Streit der Religionen um die Wahrheit? – Entwerfen Sie Ihr eigenes Szenario.

T8
- „Offenbarung als direkte Mitteilung Gottes" – Arbeiten Sie heraus, mit welchen theologischen Argumenten H.-M. Barth dieses Verständnis von Offenbarung ablehnt. Zeichnen Sie ein Kommunikationsmodell und erläutern Sie daran die unterschiedlichen Positionen.

T9
- Analysieren Sie das Ich-bin-Wort (Joh 14,6) und den Text des geöffneten Buches auf der Ikone (Mt 11,28) in seiner Bedeutung für den christlichen Glauben.
- „Personale Wahrheit erschließt sich nicht durch Wissen, sondern durch Vertrauen." – Belegen Sie diesen Satz durch Ihre eigene Lebenserfahrung.
- Prüfen Sie, ob an derselben Stelle, die Jesus für die Christen einnimmt, Mohammed für die Muslime oder Moses für die Juden denkbar wäre.

- Arbeiten Sie an Lk 15,1–32 heraus, was die grundlegende gemeinsame Schlüsselerfahrung des christlichen Glaubens ist. Untersuchen Sie, welche Rolle dabei das Neue Testament spielt und welche die eigene Erfahrung.
- „Die Wahrheit – erst am Ende?" – Vergleichen Sie die hier skizzierte Position mit einer geeigneten Passage aus der Ringparabel.
- Interpretieren Sie den abgedruckten Vers aus 1 Kor 13 auf dem Hintergrund dessen, was Sie über die Erkenntnis der Wahrheit erarbeitet haben.

Kompetenzen

Ich kann

- auf Grundlage der Ringparabel die wichtigsten Argumente der Aufklärung gegen den Wahrheitsanspruch der Religionen durch **Offenbarung** nennen und erläutern

- die Bedeutung eines interreligiösen Dialogs aus christlicher Perspektive begründen

- verschiedene Modelle für das Verhältnis der Religionen skizzieren und meine eigene Auffassung dazu darlegen

- die Auswirkung des jeweiligen Offenbarungsverständnisses für den Wahrheitsanspruch im Dialog der Religionen erläutern

- christliche Schlüsselerfahrungen anhand neutestamentlicher Texte erklären und ihre existenzielle Bedeutung entfalten

- darstellen, welche Rolle Jesus Christus als Person für die Wahrheitsgewissheit der Christen spielt

4 Gottes Geschöpf und Ebenbild

Cranach-Schüler „MS", Adam und Eva im Paradies und Gott thront über allem,
Holzschnitt aus der Original-Lutherbibel (1534)

Was ist der Mensch?

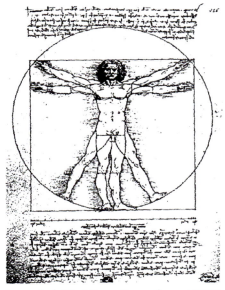

„Der Mensch ist das Maß aller Dinge."

Protagoras
(griechischer Philosoph,
490–411 v. Chr.)

Leonardo da Vinci, Proportionenschema, 1485/90

Was ist der Mensch? Sieben Thesen

1. Der Mensch ist der Herr der Natur; er ist das Maß aller Dinge! Humanität geht vor Natur!

2. Der Mensch ist ein kurzfristiges, bedeutungsloses Zufallsprodukt der kosmischen Evolution.

3. Der Mensch ist ein Kind der heiligen Mutter Erde. Er soll ihr dienen und sie in Ehren halten, denn zu ihr wird er zurückkehren.

4. Jeder Mensch gehört ausschließlich sich selbst. Er ist, was er aus sich macht. Er ist frei.

5. Der Mensch ist allein im kalten Kosmos. Er ist ein Zigeuner am Rande eines gleichgültigen Universums, das taub ist für seine Musik.

6. Das Leben des Menschen ist Leiden. Erst wenn er gelernt hat, sein Ich und seine Lebensgier zu überwinden, wird er Erlösung finden im Nicht-Sein.

7. Der Mensch ist ein Produkt der gesellschaftlichen Verhältnisse, die ihn geprägt haben. Den Menschen befreien heißt, die Gesellschaft verändern.

Der Erste Glaubensartikel

Ich glaube an Gott,
den Vater, den Allmächtigen,
den Schöpfer des Himmels und der Erde.

Was heißt das?
Ich glaube, dass **m i c h** Gott geschaffen hat
samt allen Kreaturen,
mir Leib und Seele, Augen, Ohren und alle Glieder,
Vernunft und alle Sinne gegeben hat und
noch erhält;
dazu Kleider und Schuh, Essen und Trinken,
Haus und Hof,
Weib und Kind, Acker, Vieh und alle Güter;
mit allem, was not tut für Leib und Leben,
mich reichlich und täglich versorget,

in allen Gefahren beschirmet und vor allem Übel behütet
und bewahret;
und das alles aus lauter väterlicher, göttlicher Güte und
Barmherzigkeit,
ohn' all mein Verdienst und Würdigkeit:
für all das ich ihm zu danken und zu loben
und dafür zu dienen und gehorsam zu sein schuldig bin.
Das ist gewisslich wahr.

(mit der Erklärung Martin Luthers im Kleinen Katechismus)

Gottesebenbildlichkeit

von Jürgen Moltmann

„Vergottung", S. 90

„Gott schuf den Menschen ihm zum Bilde, zum Bild Gottes schuf er ihn" (1 Mose 1,27). Das heißt zuerst: Der Mensch ist ein Geschöpf Gottes wie alle anderen Geschöpfe auch. Sie sind seine Mitgeschöpfe. Er ist nicht ihr Gott, und umgekehrt ist weder „Mutter Natur" noch „Vater Staat" sein Gott. Zwischen Gott und Nichts existiert der Mensch zusammen mit allen anderen Wesen als Geschöpf des göttlichen Wohlgefallens. Eine Solidarität umfasst ihn zusammen mit der Natur.

Dieser Schöpfungsglaube hat eine kritisch-befreiende Kraft, wenn man ihn ernst nimmt. Die Götter und die Dämonen verschwinden aus der Welt, die als Schöpfung des jenseitigen Gottes angenommen wird. Mit ihr wird weiter der Selbstvergottung der Menschen, der Cäsarenpolitik, dem Nationalismus und dem Warenfetischismus der Boden entzogen. Den göttlichen Menschen gibt es nicht. Der menschliche Mensch ist weder „des Menschen Gott" noch „des Menschen Wolf", sondern weiß sich als des freien Gottes Geschöpf unter Mitgeschöpfen. Wie sie ist er aus dem Nichts ins endliche Dasein gerufen.

Das heißt weiter: Von allen Geschöpfen ist allein der Mensch zum Bild Gottes auf Erden geschaffen und bestimmt. Das Bild oder Ebenbild ist etwas, das Gott selbst entspricht und entsprechen soll. In seinem Ebenbild will der Schöpfer seinen Partner, sein Echo und seine Ehre finden. In seinem Bild will er selbst auf Erden gegenwärtig sein. Sein Ebenbild soll ihn vertreten und in seinem Namen handeln. In seinem Bild soll man ihm selbst begegnen und seine Güte erfahren. Der Schöpfungsglaube sieht alles als Schöpfung Gottes an, den Menschen aber als Bild Gottes. Das bezeichnet die Sonderstellung des Menschen im Kosmos.

Die Dinge und Tiere sind, was sie sind. Der Mensch aber ist ein Spiegel dessen, was er über alle Dinge fürchtet und liebt. Er kann ein Spiegel seiner leiblichen Interessen sein, ein Spiegel seiner Gesellschaft, ein Spiegel seiner eigenen Werke und sozialen Rollen, immer aber ist er ein Spiegel dessen, was er liebt und fürchtet. Das macht seine exzentrische Position aus.

Die Bestimmung des Menschen zur Gottesebenbildlichkeit sagt, dass der Mensch nicht im Vorhandenen aufgehen kann, sondern dass die unendliche Distanz des Schöpfers von seiner Schöpfung auch den Menschen zur unendlichen Freiheit gegenüber allen endlichen Dingen und Verhältnissen und seiner eigenen Wirklichkeit bestimmt. Es ist die Würde des Menschen, dass er dieser Entsprechung gewürdigt wird.

Und es ist sein Elend, dass er von dem Augenblick an, wo er seinen transzendenten Hintergrund vergisst, von den endlichen Dingen Unendliches und von irdischen und menschlichen Verhältnissen Göttliches erwarten oder befürchten muss. „Woran du dein Herz hängst, das ist dein Gott", hatte Luther im Großen Katechismus mit Recht gesagt. „Wer sich selbst ansieht, leuchtet nicht", sagt ein chinesisches Sprichwort.

Der Gedanke der Gottesebenbildlichkeit sagt endlich: „Macht euch die Erde untertan" (1 Mose 1,28). Menschen sollen über Gottes Schöpfung herrschen, indem sie schaffen, nicht aber ausbeuten und zerstören. Der Gedanke der Gottesebenbildlichkeit verbindet die Freiheit gegenüber der Welt mit der Verantwortung für die Welt vor Gott. Macht über die Natur zu gewinnen, ist heute nicht mehr das Problem. Aber diese Macht in Verantwortung für die Natur und für eine menschliche Zukunft des Menschen zu gebrauchen, ist das Problem der Gegenwart. Die technische Macht ist universal geworden, aber die Verantwortungsinstanzen der Menschen sind national und provinziell geblieben.

Der Gedanke der Gottesebenbildlichkeit des Menschen verlangt daher heute die entschlossene Überwindung der nationalen und kulturellen Grenzen und den Aufbau einer Menschheitsgesellschaft, in der jene Verantwortung der Macht wahrgenommen werden kann.

Jürgen Moltmann (geb. 1926), deutscher evangelischer Theologe.

Michelangelo, Ausschnitt aus dem „Jüngsten Gericht", 1502–1512

Der Schritt in die Freiheit

Michelangelo: Erschaffung der Eva, Sündenfall und Vertreibung aus dem Paradies, 1508–1512

Wie entsteht das Böse?

von Thomas Fuchs

Gehen wir, um eine Antwort zu finden, zurück zur Genesis-Erzählung vom Sündenfall, die wir auch als eine implizite **Anthropologie** verstehen können. – Mit dem Hinweis auf den Baum der Erkenntnis führt Gott einen Unterschied in die Welt ein, den zwischen Gut und Böse. Das geschieht durch das Verbot selbst, durch die Negation. „Durch das Verbot kommt eine geistige **Wirklichkeit** in die Welt", nun gibt es das Sein und das Sollen.

Hier müssen wir uns die zentrale Bedeutung der Verneinung für die frühkindliche Entwicklung deutlich machen. Die Verbotsgeste der Eltern ist die erste Verneinung, die das Kind erfährt. Das „Nein" setzt der Spontaneität, der „Unschuld" seiner primären Regungen und Triebe eine symbolische Grenze entgegen. Das Kind soll einem Impuls zum Verlockenden hin Einhalt gebieten, also sich selbst widersprechen. Mit der nun folgenden Aneignung und

Verinnerlichung des elterlichen Verbots im 2. Lebensjahr übernimmt das Kind daher eine Gegen- oder Außenperspektive auf sich selbst. Es sagt „Nein" zu sich – man kann das im kindlichen Spiel oft direkt beobachten – und nimmt so, mit einem Begriff Plessners, eine „exzentrische Position" zu sich selbst ein.

Der Widerspruch, die Verneinung bringt die Selbstwahrnehmung aus der Sicht der Anderen hervor, das Selbstverhältnis oder Selbstbewusstsein. Das Kind ist nicht mehr die reine Mitte seiner Welt, es hat die primäre Einheit seines Seins verloren.

Doch die dafür neu erlangte, exzentrische Position ist keine starre, sondern eine ambivalente und damit eine freie. Sie impliziert immer auch die Möglichkeit, zum Verbot selbst „nein" zu sagen. Ja, der eigene Wille, die Widersetzlichkeit des Kindes gegenüber dem Verbot, wie sie sich ja zur Genüge zeigt, ist sogar die Voraussetzung dafür, sich selbst nicht bloß als willenloses Geschöpf der Eltern, sondern als mit Freiheit begabtes Eigenwesen zu erfahren. Von einem Eigenwillen kann man erst sprechen, wenn der Wille und die Perspektive der Anderen als solche erfasst und dann doch negiert werden können. Um die Freiheit der Wahl zu erlangen, musste der Mensch also die Unschuld des bloßen Seins verlieren zugunsten der Möglichkeit des Eigenwillens und damit der Möglichkeit zum Bösen. Die Faszination, die das Böse ausübt, besteht in der stets latent gegebenen Möglichkeit dieser Grenzüberschreitung.

Dazu tritt nun in der Erzählung vom Sündenfall noch ein anderes spezifisch menschliches und geistiges Vermögen, nämlich die Vorstellungskraft oder Phantasie: Der Baum des Paradieses ist ja nicht so verlockend, weil er schöne rote Äpfel trägt, sondern weil er die Aussicht auf eine gottgleiche Erkenntnis eröffnet, ja auf ein „Sein wie Gott" selbst. Das heißt, die Wünsche des Menschen sind nicht mehr auf die Befriedigung seiner unmittelbar leiblichen Bedürfnisse beschränkt, sondern können mit der Offenheit seiner Vorstellungskraft ins potenziell Grenzenlose wachsen. Der Mensch hat einen Überschuss an Bedürfnissen, weil seine Triebe nicht mehr fest mit bestimmten Auslösern und Befriedigungen gekoppelt sind. Diese Instinkt- oder Triebentkoppelung, wie es in der Anthropologie genannt wird, bedingt den grundlegenden Antriebsüberschuss des Menschen, seine unstillbare Ungenügsamkeit, seinen grenzenlosen Seinshunger, von dem alle Religionen der Menschheit wissen und sprechen.

Thomas Fuchs (geb. 1958), Mediziner und Philosoph.

Die Sünde: Sein-wollen wie Gott

von Rüdiger Safranski

Was ist eigentlich so „böse" an diesem Erkenntnisbaum, dass Gott ihn mit einem solchen Tabu belegt? An der Erkenntnis von Gut und Böse kann doch selbst nichts Böses sein, schon darum nicht, weil Gott dem Menschen diese Unterscheidung bereits zugemutet hat, als er ihn mit etwas Verbotenem konfrontierte. Wollte Gott einen Gehorsamstest durchführen und ist der verbotene Baum der Erkenntnis vielleicht eine Art „Geßlerhut"? Jedenfalls provoziert die Sündenfallgeschichte die Frage, ob es das Gesetz wegen der Sünde oder die Sünde wegen des Gesetzes gibt. Es war Paulus, der diese Frage in seiner Kritik des „Alten Bundes" aufgeworfen hat.

Im siebten Kapitel des Römerbriefs stellt er folgende Betrachtung an: Seit jenem ersten Verbot im Paradiesgarten lebt der Mensch unter dem „Gesetz". Das Gesetz aber verlockt zur Übertretung. „Was wollen wir denn nun sagen? Ist das Gesetz Sünde? Das sei ferne! Aber die Sünde erkannte ich nicht, außer durch das Gesetz. Denn ich wusste nichts von der Lust, wo das Gesetz nicht hätte gesagt: „Lass dich nicht gelüsten." Da nahm aber die Sünde Ursache am Gebot und erregte in mir allerlei Lust; denn ohne das Gesetz war die Sünde tot."

Das Gesetz verlockt zur Übertretung des Gesetzes. Es weckt bestimmte Vorstellungen, und sie sind es, die in der Sündenfallgeschichte als Frevel und Sünde gelten. Also nicht die Erkenntnis des Guten und des Bösen ist selbst etwas Böses, sondern böse ist, was sich Adam und Eva davon versprechen.

So bekommt die Erkenntnis des Guten und des Bösen einen neuen Sinn. Sie bedeutet jetzt das Verlangen, sein zu wollen wie Gott.

Die Sündenfallgeschichte weiß nichts von einer außermenschlichen Macht des Bösen, auf die sich der Mensch hinausreden, als deren Opfer er sich hinstellen und womit er sich entlasten könnte. Der Sündenfall ist – trotz der Schlange – eine Geschichte, die allein zwischen Gott und der Freiheit des Menschen spielt. Erst später wird aus der Schlange eine eigenständige Macht, eine göttlich-widergöttliche Gestalt.

Rüdiger Safranksi (geb. 1945), freier Journalist und Autor.

Die Macht der Sünde

von Wolfhart Pannenberg

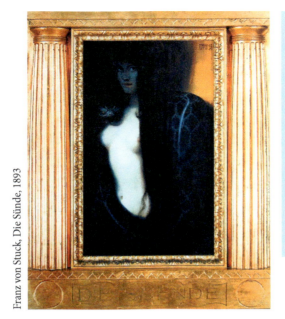

Franz von Stuck, Die Sünde, 1893

Eine moderne Veranschaulichung des Sachverhalts, der in Röm 7 dargestellt wird, schlägt der evangelische Theologe Wolfhart Pannenberg vor, wenn er die Unfreiheit des Menschen mit der zwanghaften Verhaltensdisposition vergleicht, wie sie bei Süchtigen und Drogenabhängigen auftritt.

Wenn der Süchtige einsehen und an der Einsicht auch festhalten könnte, dass z.B. Alkohol für ihn schlecht ist, dann könnte er daraus auch die Kraft ziehen, seine Sucht zu überwinden. Doch obwohl er in nüchternen Augenblicken die Einsicht haben mag, vermag er
5 sie nicht festzuhalten, und so scheint ihm im Augenblick der Versuchung, der Gegenstand seiner Sucht doch wieder verlockend und gut` zu sein.

Wenn Paulus schreibt, dass der Mensch dem **Gesetz** Gottes durch seine Vernunft zustimmt und dennoch in seinen Gliedern ein an-
10 deres, dem ersten widerstreitendes Gesetz erfährt (Röm 7,22f.), dann wird man das nicht so verstehen dürfen, als ob der Mensch in seiner vernünftigen Einsicht dem Gesetz Gottes immer und überall zustimmt, während gleichzeitig sein Handeln im Gegensatz dazu steht.
15 Das wäre der Fall vollendeter Persönlichkeitsspaltung, wie er sicherlich nicht Regelfall im menschlichen Verhalten ist. Vielmehr stimmen wir – vielleicht – im Augenblick nüchterner Überlegung dem Gesetz Gottes zu, neigen aber dazu, seine Anweisungen als auf unsere Situation nicht zutreffend zu betrachten oder an ihrer
20 göttlichen Autorisierung überhaupt zu zweifeln („Sollte Gott gesagt haben?"), sobald dem Inhalt seiner Forderungen eine feste, triebhafte Verhaltensorientierung entgegensteht.

„Freiheit", S. 67

Wolfhart Pannenberg (geb. 1928), deutscher evangelischer Theologe.

Der Baum und die Früchte
von Martin Luther

Ein gesunder Baum trägt keine schlechten Früchte, und ein kranker Baum trägt keine guten. Man erkennt jeden Baum an seinen eigenen Früchten. Von Disteln kann man ja auch keine Feigen pflücken und von Dornengestrüpp keine Weintrauben ernten. Ein guter Mensch bringt Gutes hervor, weil er im Herzen gut ist. Aber ein schlechter Mensch kann nur Böses hervorbringen, weil er von Grund auf böse ist. Sein Mund spricht nur aus, was sein Herz erfüllt. (Lk 6,43-45)

  T7

Darum sind die zwei Sprüche wahr: Gute, rechtschaffene Werke machen niemals einen guten, rechtschaffenen Mann, sondern ein guter rechtschaffener Mann macht gute, rechtschaffene Werke. Böse Werke machen niemals einen bösen Mann, sondern ein böser Mann macht böse Werke, so dass allemal die Person zuerst gut und rechtschaffen sein muss vor allen guten Werken, und die guten Werke folgen aus der rechtschaffenen guten Person und gehen aus ihr hervor. So wie Christus sagt: „Ein böser Baum trägt keine gute Frucht. Ein guter Baum trägt keine böse Frucht!" Die Werke machen nicht gläubig und machen ebenso auch nicht rechtschaffen. Aber so wie der Glaube rechtschaffen macht, macht er auch gute Werke. Machen die Werke also niemand rechtschaffen und muss der Mensch zuerst rechtschaffen sein, ehe er wirkt, so ist's klar, dass allein der Glaube aus lauter Gnade durch Christus und sein Wort die Person zur Genüge rechtschaffen und selig macht, und dass ein Christ kein Werk und kein Gebot zu seiner Seligkeit nötig hat, sondern von allen Geboten frei ist und alles, was er tut, aus lauter Freiheit umsonst tut, nicht um damit seinen Nutzen oder seine Seligkeit zu suchen.

Aufgaben

Abbildungen haben keine eigene Nummerierung; sie werden in die Zusammenhänge der Aufgaben zum Text (T1 …) eingebettet.

Titelblatt:
- Setzen Sie die beiden Schöpfungstexte der Bibel (1 Mose 1 und 1 Mose 2) in Beziehung zum Bild. Untersuchen Sie, welcher Bibeltext hinsichtlich der Gesamtperspektive und der Einzelelemente dem Bild am ähnlichsten ist.
- Die Zentralstellung des Menschen im Kosmos wird heute eher kritisch betrachtet. Gestalten Sie ein entsprechendes Gegenbild, indem sie den Innenbereich durch eine eigene Zeichnung ersetzen.

T1
- Entwerfen Sie eine eigene Antwort auf die Frage „Was ist der Mensch?"
- Ordnen Sie die sieben Vorschläge bestimmten Religionen, Philosophien oder Geisteshaltungen zu.
- Entfalten Sie eine der Positionen auf ihre Lebenspraxis hin. (Wie lebt ein Mensch, der ein solches Menschenbild hat?)
- Vergleichen Sie die Aussagekraft von Leonardo da Vincis „Proportionenschema" mit dem Titelbild des Kapitels.
- Arbeiten Sie heraus, welchen Akzent die Karikatur zu den Überlegungen beiträgt.

T2
- Untersuchen Sie, welchen Aspekt des Schöpfungsglaubens Luther in seiner Erklärung zum Ersten Glaubensartikel herausgreift.
- Belegen Sie, welchen Teil des Titelbildes er entfaltet bzw. übergeht, und suchen Sie hierfür eine Erklärung.
- „Ich glaube, dass mich Gott … vor allem Übel behütet und bewahrt" – erörtern Sie, welchen Sinn ein solches Bekenntnis angesichts des auch bei Luther vorhandenen Bewusstseins für die Dunkelheiten des Lebens haben kann.
- In einer modernen Fassung lautet der erste Glaubensartikel: „Ich glaube, dass Gott den Urknall verursacht und die Evolution in Gang gesetzt hat" – Erörtern Sie, welche Probleme durch diese Modernisierung gelöst werden (sollen) und wie weit dieser Versuch trägt.
- Entwerfen Sie zu dem neuen Glaubenssatz eine Katechismus-Erklärung im Stil Luthers.

T3
- Entfalten Sie die politischen und sozialen Folgen, die der Glaube an die „Gottesebenbildlichkeit" – nach Moltmann – haben sollte.
- Begründen Sie die im Grundgesetz garantierte Menschenwürde biblisch-theologisch. Ziehen Sie das Fresko „Die Erschaffung des Adam" von Michelangelo heran (ein Detail wie auf S. 49 oder die Gesamtkomposition).
- Entwerfen Sie einen alternativen, religionslosen Begründungszusammenhang der Menschenwürde.

T4
- Vergleichen Sie Ihre Erinnerung an die biblische Geschichte vom „Sündenfall" mit der Version, die Michelangelo hier in drei Szenen gemalt hat.
- Setzen Sie sich auf diesem Hintergrund mit der tiefenpsychologischen Interpretation von Thomas Fuchs auseinander und arbeiten Sie heraus, wie hier „das Böse" entsteht.
- Helmuth Plessner (1892–1985) war einer der Hauptvertreter der philosophischen Anthropologie; er prägte den Begriff der „exzentrischen Positionalität" des Menschen. Recherchieren Sie den Gedankenzusammenhang bei Plessner; interpretieren Sie Fuchs' Vergleich der psychologischen Situation eines Kleinkinds mit Adam und Eva nach Gottes Verbot.
- In 1 Mose 3 entdecken die Menschen ihre Nacktheit und reagieren mit Scham – Erklären Sie dieses Detail mit der neuen exzentrischen Position.

T5
- Diskutieren Sie die Frage, die Safranski mit Bezug auf das siebte Kapitel des Römerbriefs aufwirft: Was war zuerst – die Sünde oder das Gesetz?

- In Röm 7 ist von einer „Macht der Sünde" die Rede, die man später in der Schlange (aus Gen 3) symbolisiert gesehen hat. Untersuchen Sie die Funktion dieser fremden Macht und bewerten Sie diese.
- T6 – Entfalten Sie die Bedeutung von „Sünde" im allgemeinen Sprachgebrauch; beziehen Sie das Bild in Ihre Überlegungen ein.
- Pannenbergs Vergleich der Macht der Sünde mit einer Sucht stellt die Frage, wie und ob diese bekämpft werden kann. Nehmen Sie Stellung.
- T7 – Deuten Sie die Lukas-Stelle unter der Fragestellung: Verlangt die „Sünde" Bestrafung oder Erlösung? Beziehen Sie Röm 7 mit ein.
- Entwerfen Sie ein Schaubild, in dem Sie die wichtigsten Stichworte des Luther-Textes zueinander ins Verhältnis setzen.

Kompetenzen

Ich kann

- verschiedene religiöse und philosophische Menschenbilder beschreiben und miteinander vergleichen
- mein eigenes Menschenbild formulieren und diskutieren
- das biblische Menschenbild anhand der Grundbegriffe „Geschöpf" und „Ebenbild" erläutern und deutlich machen, was diese Sicht von anderen Menschenbildern in der Gesellschaft unterscheidet
- Luthers besondere Perspektive des Schöpfungsglaubens herausarbeiten, wie sie in seiner Erläuterung des ersten Glaubensartikels zum Tragen kommt
- die literarisch-mythische Gestalt der biblischen Paradiesgeschichte (1 Mose 3) erläutern und von historischen Missverständnissen und dogmatischen Vereinnahmungen abgrenzen
- den Begriff **„Exzentrizität"** als philosophisch-psychologischen Zugang zum Wesen des Menschen erklären und mit den biblischen Texten in Verbindung setzen
- begründen, warum Paulus den Weg der **Gebote** zur Überwindung der **Sünde** für ungeeignet und den Menschen für erlösungsbedürftig hält
- das Menschenbild des Paulus und Luther miteinander vergleichen und aufeinander beziehen

5 Freiheit

Ein wirklich unbedingt freier Wille?
von Peter Bieri

Eines Morgens, wollen wir annehmen, wachen Sie mit dem Willen auf umzuziehen. Es ist noch nicht lange her, dass Sie in die jetzige Wohnung gezogen sind, es ist Ihnen darin gutgegangen, Sie haben viel Geld investiert und noch gestern Abend haben Sie den bewundernden Gästen auf der Einweihungsparty erklärt, hier würden Sie nie wieder ausziehen. Doch jetzt, beim Frühstück, spüren Sie den klaren und festen Willen, die Wohnung zu wechseln.

Es berührt Sie seltsam, dass es so ist, aber gegen diesen überraschenden Willen ist nichts zu machen. Natürlich könnte es sein, dass er Sie schon auf dem Weg zum Makler wieder verlässt, aber wir wollen annehmen, dass er anhält, bis Sie eine neue Wohnung gefunden und die alte gekündigt haben. „Sag mal, spinnst du?", fragen die Freunde. „Wieso?", sagen Sie. „Das ist doch das Schöne an der Freiheit: dass man immer wieder ganz neu anfangen kann."

„Ja, aber warum um Himmels willen willst du dort schon wieder raus? Es hat dir doch so gut gefallen, vom Geld einmal ganz zu schweigen." – „Ich weiß nicht", sagen Sie, „ich will es halt einfach und genieße es, keinen Grund angeben zu können. Ich fühle mich dabei so richtig frei."

Und so kommt denn der Umzugswagen. Sie übergeben die Schlüssel und fahren zur neuen Wohnung. Und da passiert es: Während Sie auf die Ankunft des Umzugswagens warten, merken Sie, dass Sie hier auf gar keinen Fall einziehen wollen. Die Möbelpacker trauen ihren Ohren nicht, und nach dem ersten Ärger wird ihr Blick mitleidig wie einem Gestörten gegenüber. Als sie weg sind, stehen Ihre Möbel auf der Straße.

Jetzt möchten Sie ins Kino gehen. Der Wunsch hat nichts mit der desolaten Situation zu tun, denn er hat mit überhaupt nichts anderem zu tun, auf einmal ist er einfach da und wird zum Willen. Als Sie spät in der Nacht wieder bei der neuen Adresse ankommen, sind die Möbel weg. Die Leute vom Sperrmüll haben sie mitgenommen.

Peter Bieri (geb. 1944), Schweizer Philosoph und Schriftsteller.

Freiheit der Tat?

von John Hospers

Wie kann jemand für seine Handlungen verantwortlich sein, da diese doch aus einem Charakter entspringen, der durch Faktoren geprägt, geformt und zu dem, was er ist, gemacht worden ist, durch Faktoren, die er nicht selbst gemacht und die er sich nicht selbst ausgesucht hat? Nehmen wir als Beispiel einen Kriminellen, der mehrere Menschen erwürgt hat und nun dazu verurteilt ist, auf dem elektrischen Stuhl zu sterben. Doch nun erfahren wir, wie es zu allem gekommen ist:

Wir erfahren von Eltern, die ihn vom Säuglingsalter an ablehnten, von einer Kindheit, die er in einem Heim nach dem andern verbrachte, in denen es ihm stets wieder klar wurde, dass er nicht erwünscht war: von dem stets wieder enttäuschten Wunsch geliebt zu werden, von der harten Schale von Gleichgültigkeit und Bitterkeit, die er sich zulegte, um die schmerzliche und demütigende Tatsache des Unerwünschtseins zu verbergen, und seinen späteren Versuchen, die Wunden seines zerbrochenen Ichs durch defensive Aggressivität zu heilen.

Der unglückliche Geschädigte ist sich der inneren Triebkräfte, die ihm diesen grausigen Tribut abverlangen, nicht bewusst; er wehrt sich, er schwelgt in Pseudo-Aggressivität, er fühlt sich elend, aber er weiß nicht, was sich in seinem Innern abspielt und die Katastrophe des Verbrechens vorbereitet. Seine aggressiven Taten sind das Zappeln eines Wurmes an der Angel. (…)

Ebenso wenig wie das neurotische hat das normale Individuum den Charakter, der es zu dem macht, was es ist, selbst verursacht. Und wenn sich, anders als beim Neurotiker, sein Verhalten auch durch Überlegung und Einsicht ändern lässt, und wenn er genug Willenskraft besitzt, um die Effekte einer ungünstigen frühkindlichen Umwelt zu kompensieren, wenn er über Energien verfügt, die sich zu konstruktiven Zwecken mobilisieren lassen, dann ist das nicht sein Verdienst, denn auch dies ist ein Teil seines psychischen Erbes. Diejenigen, die die nötigen Voraussetzungen mitbringen, haben Glück gehabt.

John Hospers (geb. 1918), amerikanischer Philosoph.

Dimensionen der Freiheit

Positive äußere Freiheit
Handlungsfreiheit

- Den eigenen Willen in die Tat umsetzen können
- Möglichkeit zu selbstständigem, voll verantwortlichem Handeln, zum Verfolgen eigener Anliegen, zur Befriedigung von Bedürfnissen und Wünschen
- Selbstverwirklichung

Negative äußere Freiheit
Unabhängigkeit

- Nicht von äußeren Begrenzungen eingeschränkt werden
- Nicht dazu gezwungen werden, etwas zu tun, was man nicht will
- Neben der physischen Dimension der Freiheit (Krankheit, Behinderung, Gefangenschaft) auch die politisch-gesellschaftliche Dimension (Emanzipation)

Positive innere Freiheit
Willensfreiheit

- Sich selbst als Subjekt seines Wollens wahrnehmen; Selbstursächlichkeit und Spontaneität

Negative innere Freiheit
Autonomie

- Den eigenen Willen ohne Beeinträchtigung von übermächtigen inneren Kräften (Angst, Triebe, Hemmungen) entwickeln können

Welche Freiheit ...?

„Wie kommt das Gespenst in die Maschine?"

So fragt der Philosoph Gilbert Ryle (1900–1976) und macht darauf aufmerksam, dass die Vorstellung von unserem Ich und die wissenschaftliche Erforschung des Gehirns auf ganz verschiedenen Ebenen liegen.

Rene Descartes (1596–1650) unterschied die res extensae (alle Dinge, die einen Raum einnehmen) von der res cogitans (dem denkenden menschlichen Geist, der unabhängig von den räumlichen Gegenständen arbeitet). Damit hatte er die materielle Welt und die Welt des menschlichen Denkens (und der menschlichen Freiheit) säuberlich voneinander getrennt.

Sein Problem bestand nun allerdings darin, zu erklären, wie die immaterielle res cogitans auf die res extensae des Gehirns einwirken kann. Descartes nahm an, dass die Hypophyse im Mittelpunkt unseres Gehirns der Ort dieses Übergangs vom Geistigen zum Körperlichen ist.

Gottfried Wilhelm Leibniz (1646–1716) tritt schon im frühen 18. Jahrhundert eine fiktive Reise in unser Gehirn an, so wie es auch der Traum heutiger Forscher ist, die dem Gehirn beim Denken zusehen wollen, muss aber feststellen:

„Denkt man sich etwa eine Maschine, die so beschaffen wäre, dass sie denken, empfinden und perzipieren (wahrnehmen) könnte, so kann man sie sich derart proportional vergrößert vorstellen, dass man in sie wie in eine Mühle eintreten könnte. Dies vorausgesetzt, wird man bei der Besichtigung ihres Inneren nichts weiter als einzelne Teile finden, die einander stoßen, niemals aber etwas, woraus eine Perzeption zu erklären wäre."

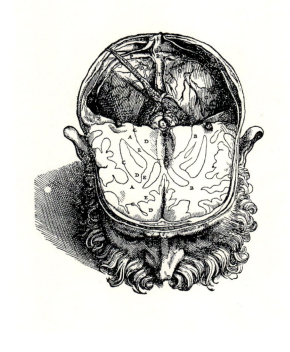

Das Ende des freien Willens?

*Auszug aus einem Interview mit dem Hirnforscher Wolf Singer (*1943)*

Mathias Schindler

T5

Frage: Sie würden also behaupten, dass der freie Wille lediglich eine Illusion ist, oder?

Antwort: Ich würde mich auf die Position zurückziehen, dass es zwei voneinander getrennte Erfahrungsbereiche gibt, in denen Wirklichkeiten dieser Welt zur Abbildung kommen. Wir kennen den naturwissenschaftlichen Bereich, der aus der Dritte-Person-Perspektive erschlossen wird, und den soziokulturellen, in dem sinnhafte Zuschreibungen diskutiert werden: Wertesysteme, soziale Realitäten, die nur in der Erste-Person-Perspektive erfahrbar und darstellbar sind. Dass die Inhalte des einen Bereichs aus den Prozessen des anderen hervorgehen, muss ein Neurobiologe als gegeben annehmen. Insofern muss, aus der Dritte-Person-Perspektive betrachtet, das, was die Erste-Person-Perspektive als freien Willen beschreibt, als Illusion definiert werden. Aber „Illusion" ist, glaube ich, nicht das richtige Wort, denn wir erfahren uns ja tatsächlich als frei.

Frage: Die erfahrene Freiheit ist in Ihren Augen also real?

Antwort: Sie ist als Erfahrung real. Ich habe beispielsweise gerade jetzt das Gefühl, dass ich auch aufstehen könnte. Ich tu es aber aus bestimmten Gründen nicht. Beim freien Willen ist es doch so, dass wohl fast alle Menschen unseres Kulturkreises die Erfahrung teilen, wir hätten ihn. Solcher Konsens gilt im Allgemeinen als hinreichend, einen Sachverhalt als zutreffend zu beurteilen. Genauso zutreffend ist aber die konsensfähige Feststellung der

Neurobiologen, dass alle Prozesse im Gehirn deterministisch sind und Ursache für die je folgende Handlung der unmittelbar vorangehende Gesamtzustand des Gehirns ist.

Falls es darüber hinaus noch Einflüsse des Zufalls gibt, etwa durch thermisches Rauschen, dann wird die je folgende Handlung etwas unbestimmter, aber dadurch noch nicht dem „freien Willen" unterworfen.

Frage: Wenn sich einmal Ihre Erkenntnis durchsetzt, der „freie Wille" – ähnlich wie das alternative Gefühl, fremdbestimmt zu sein – sei nur in der Erste-Person-Perspektive real, aus Sicht der Naturwissenschaft jedoch nicht existent: Was würde sich in unserem Leben, in unserer Gesellschaft ändern, wenn der Uraltgedanke, die Menschen könnten ihre Entscheidungen „frei" treffen, sich als hinfällig erweist? Könnten wir dann niemanden mehr zur Verantwortung ziehen?

Antwort: Ich glaube, dass sich an der Art, wie wir miteinander umgehen, nicht sehr viel ändern würde, wenn wir der naturwissenschaftlichen Sichtweise mehr Bedeutung zumäßen. Wir würden allerdings – und das wäre erfreulich – vermutlich ein wenig toleranter werden, nachsichtiger, verständnisvoller. Wir würden nicht so schnell aburteilen. (…)

Frage: Aus ihren Erfahrungen als Verhaltensforscher schöpfen Sie also ein optimistischeres Bild, was die Formbarkeit von Menschen anbelangt.

Antwort: Ich räume dieser Formbarkeit einen sehr großen Raum ein. Ich bin der festen Überzeugung, dass die wichtigsten Berufe in unserer Gesellschaft die von Eltern und Erziehern sind, jenen, die die Aufgabe haben, Verhaltensweisen und kulturelle Weisheiten in die nächste Generation zu übertragen. Und die dafür sorgen, dass Erfahrungen, die zu Friedfertigkeit ermuntern und für humanes Zusammenleben notwendig sind, auch so installiert werden, dass sie handlungsrelevant werden. Ich messe dieser Tradierung kultureller Inhalte einen enormen Einfluss bei. Nichts ist wichtiger als der erzieherische Prägungsprozess unserer Kinder.

Das Drama der Freiheit
von Rüdiger Safranski

„Bilderkrieg", S. 30

Das ist die Katastrophe der Freiheit: Zur Freiheit gehört die Fähigkeit, die **Wirklichkeit** zu verändern nach Maßgaben, die selbst nicht aus der Wirklichkeit stammen, sondern aus einer Welt des Imaginären. Was ist Imagination? Ist sie nur der Stoff, aus dem die Kunst gemacht wird? Die imaginierte Welt ist eine, die man sich „einbildet". Sie ist ein Bild, das nicht abbildet, sondern sich an die Stelle der Wirklichkeit setzt.

Sie ist eine zweite Welt, die das Verhalten in der ersten steuern und sogar dominieren kann. Die Einbildungskraft bedient sich der Materialien, aus denen man lebt: Erfahrungen, Eindrücke, Obsessionen, Wünsche. Aber was sie daraus erzeugt, ist etwas Neues, das sich der sonstigen Wirklichkeit auch entgegensetzen kann. Das Denken ist mit dem Problem der Bilder niemals fertig geworden und wird heute, da in den Bilderfluten des modernen Medienzeitalters Imagination und Wirklichkeit durcheinandergewirbelt werden, noch weniger damit fertig.

Es würde alles viel einfacher sein, wenn das Bewusstsein nichts anderes wäre als bewusstes Sein. Wenn das Bewusstsein sich nicht losreißen könnte und sich nicht seine eigene Welt einzubilden vermöchte. Aber das Bewusstsein ist auch in diesem Sinne „frei". Es lebt in der wirklichen Welt und in vielen möglichen Welten, ohne sie sicher unterscheiden zu können.

Bleiben wir noch einen Augenblick bei der Moral. Wenn man sie auf die Einbildungskraft gründet, zeigt sie sich als eine lebensdienliche Fiktion. Die Letztbegründung der Moral ist der Wille zu ihr. Man muss sie sich einbilden wollen, damit sie das Leben führt und orientiert. Nehmen wir beispielsweise den „Wert" der Menschenwürde. „Alle Menschen sind frei und an Würde und Rechten gleich geboren", verkündet der Artikel 1 der Allgemeinen Erklärung der Menschenrechte. Aber wird der Mensch tatsächlich mit Würde so wie mit Gliedmaßen ausgestattet geboren? Selbstverständlich nicht.

Die „Würde" wird zuerkannt, aber durch welche Instanz? Heute sagen wir: durch die Gesellschaft. Die Gesellschaft bildet sich den Grundsatz ein und macht ihn verpflichtend, dass man den Menschen, und zwar alle Menschen, als Wesen behandelt, die eine „Würde" haben. Mit Recht aber empfindet man die Gründung der Menschenwürde in einer gesellschaftlichen Übereinkunft als zu schwach. Sie macht aus der Menschenwürde etwas Kontingentes.

Kontingenz heißt: Was es gibt, könnte es genauso gut auch nicht
40 geben, es ist nicht notwendig. „Würde" soll nicht auf dem Treibsand von Übereinkünften und wechselnden Mehrheiten gründen.
(…)
Wenn es eine Entscheidung für die Menschenwürde gibt, dann ist auch eine Entscheidung gegen die Menschenwürde möglich.
45 Hitler ist die letzte Enthemmung der Moderne. Seitdem kann jeder wissen, wie bodenlos die menschliche Wirklichkeit ist: dass es in ihr Verpflichtungen nur gibt, wenn man sie gelten lässt, dass Versprechungen das Leben nur unter der Voraussetzung erhalten, dass sie gehalten werden; dass man sich von seinem Leben nur
50 etwas versprechen kann, wenn man den Zuspruch der anderen bekommt.
Seitdem kann man aber auch ahnen, was der „Tod Gottes" eigentlich bedeutet. Wenn man von den guten Geistern verlassen ist und die guten Gründe verloren hat, muss man alles selbst hervor-
55 bringen. Wenn man aufhört, an Gott zu glauben, bleibt nichts anderes mehr übrig, als an den Menschen zu glauben. Dabei kann man die überraschende Entdeckung machen, dass der Glaube an den Menschen womöglich leichter war, als man noch den Umweg über Gott nahm.

Freiheit im Glauben

T7

Die moderne Naturwissenschaft beschreibt das Innere des Menschen als einen Mechanismus, der in kausalistischer Weise „geregelt" abläuft. Man kann zwar wegen der Komplexität der ablaufenden Prozesse nicht mit Sicherheit voraussagen, wie ein Mensch sich entscheiden wird, aber das allein begründet keine echte Willensfreiheit. Immerhin sind Wahrscheinlichkeitsaussagen möglich und so ist der Wissenschaftler, selbst wenn er nicht alle Vorgänge im Gehirn durchschaut, davon überzeugt, dass alles mit rechten – d.h. naturgesetzlichen – Dingen zugeht.

Aus dieser naturwissenschaftlichen Betrachtungsweise kann man wichtige Aufschlüsse über die Funktionsweise des Gehirns erhalten, ein Determinismus ergibt sich daraus nicht. Allerdings führt die Erforschung des menschlichen Geistes und seiner materiellen Grundlage, des Gehirns, dazu, den „freien Willen" des Menschen nicht mehr als eine von Gott gegebene und ansonsten physikalisch unerklärbare Eigenschaft des Geschöpfes Mensch anzusehen.

Die „Maschine Mensch" wird nicht von einem ungreifbaren „Gespenst" regiert, aber auch ein deterministisches Menschenbild ist nach wie vor für den christlichen Glauben nicht akzeptabel. Der Mensch ist als Ebenbild Gottes ein Wesen, das sich zu seinen natürlichen Antrieben verhalten kann: er kann „Nein" sagen. Könnte er das nicht, dann wäre er auch nicht verantwortlich. Gott nimmt den Menschen aber in die Pflicht. Er warnt Kain: „Die Sünde lauert vor der Tür, aber du sollst Herr werden über sie." (Gen 4,7)

Damit tritt die Bibel jedoch nicht für ein Idealbild ein, das den Menschen zum freien Herrn über sich selbst und die Umstände seines Daseins erklärt. Im Gegenteil! Der Glaube weiß, wie stark der Mensch von inneren und äußeren Kräften beeinflusst wird. Ein autonomes Ich ist keine christliche Idee, denn die Freiheit ist nicht eine menschliche Errungenschaft und schon gar nicht ein selbstverständlicher Besitz des Individuums. Im Evangelium wird vom reichen Jüngling berichtet, der sich Jesus anschließen will, aber es nicht fertig bringt, sein altes Leben hinter sich zu lassen. Wie sehr er auch möchte, er ist in seinem Willen gerade nicht frei.

Aber eines hält der Glaube fest: Jeder Mensch kann zu jeder Sekunde – von Gott ergriffen – umkehren und unvorhersehbar anders werden. Gott kann den Menschen aus seinen selbst geschaffenen Gefängnissen und Sackgassen herausholen und frei machen: „Für Menschen ist das unmöglich, für Gott aber ist alles möglich" (Mt 19,26). Der Glaube lässt Platz für Wunder – auch im menschlichen Gehirn.

„Sünde", S. 53

Von der Freiheit eines Christenmenschen (1520)
von Martin Luther

Damit wir gründlich erkennen können, was ein Christenmensch sei und wie es um die Freiheit beschaffen sei, die ihm Christus erworben und gegeben hat, davon Paulus viel schreibt, will ich diese zwei Leitsätze aufstellen:

    Ein Christenmensch
  ist ein freier Herr über alle Dinge
    und niemand untertan.

Ein Christenmensch
ist ein dienstbarer Knecht aller Dinge
und jedermann untertan.

Lucas Cranach d. Ä., Martin Luther, 1525

Zur Freiheit befreit

von Günther G. Brakelmann

Frei wird der Mensch erst, wenn er sich von seinem Selbstverwirklichungsweg befreien lässt. Die Selbstversklavung aufzuheben, kann aber nicht das Eigenwerk des Sklaven sein. Dieses reformatorische Verständnis vom Menschen ist modernem Empfinden und zeitgenössischem Experimentieren mit dem Menschen deshalb so fremd, weil hier eine radikale Position formuliert wird, die die Eigenleistung des Menschen zu verneinen scheint. Im Zeitalter eines anthropologischen Aktivismus ist dies eine „unmoderne" Zumutung. Aber vielleicht steckt in diesem Ansatz eine ungeheure Hilfe.

Was will Luther zur Sprache bringen? Fundamental dies: Mensch werde ich nicht durch religiöse oder moralische oder politische Eigenleistung, sondern durch das Angenommensein und durch das Angesprochenwerden von Gott her.

Wer in diesem Glauben Gott als seinen Schöpfer anerkennt, bekommt Einsichten über sich selbst, die jede Selbsterkenntnis weit hinter sich lassen. Es ergeben sich ganz konkrete Konsequenzen. Einige seien genannt: Der Glaube, dass ich angenommen worden bin, befreit mich ganz real von dem Zwang, mich pausenlos vor mir selbst und vor anderen durch sichtbare Leistungen rechtfertigen zu müssen. Der Druck, mich selbst verwirklichen zu müssen, ist mir genommen.

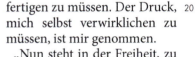

Günther G. Brakelmann (geb. 1931), deutscher evangelischer Theologe.

„Nun steht in der Freiheit, zu der euch Christus befreit hat" – das ist nun der Imperativ des Lebens. Es ist aber ein Imperativ, der seinen Grund in einem Indikativ hat: Christus hat uns zur Freiheit befreit, deshalb seid frei! Ihr seid befreit, deshalb handelt als Befreite! Werdet, was ihr seid!

Eugène Delacroix, Die Freiheit führt das Volk, 1830

Aufgaben

Abbildungen haben keine eigene Nummerierung; sie werden in die Zusammenhänge der Aufgaben zum Text (T1 …) eingebettet.

Zum Titelbild:
- Arbeiten Sie heraus, an welche Problematik menschlicher Freiheit die Produzenten der Fotomontage wohl gedacht haben.

T1
- Bestimmen Sie die Textgattung und arbeiten Sie die Aussageabsicht des Textes heraus.
- Erarbeiten Sie Kriterien dafür, was sinnvollerweise unter freiem Willen verstanden werden soll.

T2
- Kommentieren Sie Hospers' Position zur Willensfreiheit. Belegen Sie Ihre Auffassung mit den Faktoren, die seiner Meinung nach die Entscheidungen des Individuums beeinflussen und steuern.

T3
- Diskutieren Sie anhand der Tabelle, welche Formen von Freiheit bzw. Unfreiheit jeweils vorliegen: beim Triebtäter, beim Gefangenen, beim Fanatiker, beim Kind.
- Entfalten Sie anhand von Beispielen den jeweils besonderen Charakter folgender Determinationen: biologisch, physiologisch, psychisch, kognitiv, sozial, sozialökonomisch, ökonomisch, institutionell.

T4
- Untersuchen Sie, welche Vorteile die grundlegende Unterscheidung von Geist und Natur (bei Descartes) hat und welche Probleme sie aufwirft.
- Nehmen Sie Stellung zu der These, dass es für unser praktisches Handeln keine Rolle spiele, ob wir „in Wirklichkeit" frei oder determiniert sind.
- Erläutern Sie mit Hilfe des Gedankenexperiments von Leibniz, vor welchen Problemen ein Gehirn steht, das sich selbst erforschen möchte.

- Stellen Sie dar, wie das Freiheitsproblem und das Leib-Seele-Problem miteinander zusammenhängen.

T5
- Untersuchen Sie die Einleitungspassagen des Interviews daraufhin, ob Wolf Singer Leibniz widersprechen möchte.
- Erläutern Sie Singers These von der „Formbarkeit" und nehmen Sie dazu Stellung – aus der Sicht eines Verfechters der Willensfreiheit / – aus Ihrer eigenen Sicht.

T6
- Moralische Wahlfreiheit oder Freiheit zur Imagination? Erörtern Sie auf der Grundlage von Safranskis Ausführungen, welche Form der Freiheit für das moderne Menschenbild grundlegender ist.
- Stellen Sie einen Zusammenhang her zwischen dem „Tod Gottes" und dem „Glauben an den Menschen" und prüfen Sie die von Safranski postulierten Konsequenzen.
- Interpretieren Sie die Zeichnung und setzen Sie sie in Beziehung zu Safranskis Thesen.

T7
- Setzen Sie den christlichen Glauben an die Freiheit Gottes in Beziehung zu den vorher erläuterten Positionen zur menschlichen Willensfreiheit von Hospers, Descartes, Singer und Safranski.
- Differenzieren Sie aus der Sicht des christlichen Menschenbildes zwischen den Konzepten von Determinismus und menschlicher Autonomie.

T8
- Untersuchen Sie, wie Brakelmann Luthers Freiheitsthesen für die Gegenwart auslegt.

T9
- Die Reformation – eine Freiheitsbewegung? – Diskutieren Sie unter Einbeziehung der historischen Folgen.
- Beurteilen Sie folgende Fragen, die Erkenntnisse des letzten Kapitels aufnehmen:

a) Die Paradiesgeschichte erzählt vom ersten Schritt des Menschen in die Freiheit. Ist der Mensch mit der Aufgabe, sich selbst zu steuern, ja sich selbst erst zu erfinden, überfordert?
b) Paulus beschreibt den Menschen als ein Wesen, das sich nicht frei und autonom entscheiden kann. Gibt es fremde Einflüsse, denen er aus eigener Kraft nicht entkommt?
c) Luther tritt entschlossen für die Freiheit ein. Aber diese Freiheit ist nur die Rückseite der Münze. Auf der Vorderseite steht der Dienst am Nächsten und an Gott. Entspricht das einem modernen Freiheitsverständnis?
d) Stellen Sie sich die letzten Sätze des Textes (Zeilen 23–32) als kommentierende Bildunterschrift zu Delacroix' Gemälde vor. Interpretieren Sie die Spannung, die sich daraus ergibt.

Kompetenzen

Ich kann

- wichtige Aspekte des philosophischen Freiheitsbegriffes (Imagination, freier Wille, Leib-Seele-Problem) entfalten und problematisieren

- naturwissenschaftliche Beiträge zum Freiheitsverständnis in ihrer methodischen Einschränkung kritisch würdigen und mit den Aussagen des biblischen Menschenbildes vergleichen

- Luthers Freiheitsverständnis anhand der beiden Grundthesen der Freiheitsschrift erläutern und ihre gegenwartskritischen Gehalte deutlich machen

- die Problematik moderner Lebensziele wie Freiheitsgewinn, **Autonomie** und Selbstverwirklichung beschreiben und zu eigenen Perspektiven in Beziehung setzen

- Stellung nehmen zu der Frage, ob das christliche Menschenbild zum Wohle der Menschen mehr die Abhängigkeit von Gott oder mehr die Bestimmung zur Freiheit betonen sollte

6 Leben mit Gott?

Hans-Georg Rauch, Kuscheltier, 1993

Nachtgebet
von Luise Hensel

Müde bin ich, geh' zur Ruh,
schließe beide Äuglein zu;
Vater lass die Augen dein
Über meinem Bette sein!

Hab' ich Unrecht heut' getan,
sieh es, lieber Gott, nicht an!
Deine Gnad' und Jesu Blut
Macht ja allen Schaden gut.

Alle, die mir sind verwandt,
Gott, lass ruhn in deiner Hand.
Alle Menschen, groß und klein,
sollen dir befohlen sein.

Kranken Herzen sende Ruh,
nasse Augen schließe zu;
lass den Mond am Himmel stehn
und die stille Welt besehn!

Deine Augen sahen mich ...

Psalm 139

HERR, du erforschest mich und kennest mich.
Ich sitze oder stehe auf, so weißt du es;
du verstehst meine Gedanken von ferne.
Ich gehe oder liege, so bist du um mich und siehst
alle meine Wege. 5
Denn siehe, es ist kein Wort auf meiner Zunge,
das du, HERR, nicht schon wüsstest.
Von allen Seiten umgibst du mich und hältst deine Hand
über mir.
Diese Erkenntnis ist mir zu wunderbar und zu hoch, 10
ich kann sie nicht begreifen.
Wohin soll ich gehen vor deinem Geist,
und wohin soll ich fliehen vor deinem Angesicht?
Führe ich gen Himmel, so bist du da;
bettete ich mich bei den Toten, siehe, so bist du auch da. 15
Nähme ich Flügel der Morgenröte und bliebe am
äußersten Meer,
so würde auch dort deine Hand mich führen
und deine Rechte mich halten.
Spräche ich: Finsternis möge mich decken 20
und Nacht statt Licht um mich sein –,
so wäre auch Finsternis nicht finster bei dir,
und die Nacht leuchtete wie der Tag. Finsternis ist wie das Licht.
Denn du hast meine Nieren bereitet
und hast mich gebildet im Mutterleibe. 25
Ich danke dir dafür, dass ich wunderbar gemacht bin;
wunderbar sind deine Werke; das erkennt meine Seele.
Es war dir mein Gebein nicht verborgen,
als ich im Verborgenen gemacht wurde,
als ich gebildet wurde unten in der Erde. 30
Deine Augen sahen mich, als ich noch nicht bereitet war,
und alle Tage waren in dein Buch geschrieben,
die noch werden sollten und von denen keiner da war.
Aber wie schwer sind für mich, Gott, deine Gedanken!
Wie ist ihre Summe so groß! 35
Wollte ich sie zählen, so wären sie mehr als der Sand:
Am Ende bin ich noch immer bei dir.

Der 139. Psalm bildet für mich einen Höhepunkt
des biblischen Gottesglaubens. Es ist, als flössen all die
vielen verschiedenen, widersprüchlichen Gedanken,
die die Menschen in der Bibel über Gott denken, in ihm
zusammen und kämen darüber zur Ruhe: Gott ist da –
er ist in allem und alles ist in ihm. Die Allgegenwart Gottes ist die
Voraussetzung dafür, dass der Glaube sich von ihm Bilder machen kann.

Heinz Zahrnt

Der Kommentator der sogenannten Stuttgarter Jubiläumsbibel, die ich zur Konfirmation erhielt, vermerkt hier über den Psalmisten und also über den Leser: „In allen nur denkbaren Lagen weiß er sich vom lebendigen Gott beobachtet und in seinem Denken, Reden und Tun durchschaut. Die Worte, die ihm auf der Zunge liegen, ja die Gedanken, die noch ferne sind, die ihm selber noch nicht einmal zum Bewusstsein gekommen sind – Gott kennt sie!" Weißt du, wie viel Drohung und Unentrinnbarkeit unter der Oberfläche dieser Lobpreisung liegen? Und was meinst du, wie solche Liederverse auf ein verwirrtes und verzweifeltes Seelenleben wirken, das vorübergehend die Orientierung verloren hat und eigentlich Menschen suchen müsste, die ihm weiterhelfen?

Tilman Moser

Aus Gott kann man irgendwie nicht rausfallen.
Aber man entkommt ihm auch nicht. Als junger Mensch
möchte man doch seine Welt kennenlernen, bis an die
Grenzen gehen. Aber für Gott sieht das aus, als ob ein Käfer in
einer Kiste hin und her krabbelt. Ist das nun tröstlich oder eher zum
Verzweifeln? Im Psalm klingt es auch eher
unentschieden, wie man das finden soll.

Alexander T. (17 Jahre)

Gott kennt mich schon, bevor ich meine biologische Existenz beginne. Das kann heißen, er kennt mich auf eine andere Art, er erkennt mich tiefer, als ich mich selber je erkennen werde. Es kann auch heißen, ich bin schon vorher da und werde noch sein, wenn meine geschichtliche Existenz längst der Vergangenheit angehört. Diese innige und ewige Beziehung zu Gott ist Nahrung für meine Seele.

Roman W. (64 Jahre)

Die Funktion von Religion im Leben eines Menschen

von Karl Wilhelm Dahm

Wilhelm von Schadow,
Jungfrau, im Gebetbuch lesend, 1828.

Welche Aufgaben nun nimmt die Religion im Leben des Einzelmenschen, des Individuums, wahr, was leistet sie? Diese Frage ist heute nicht mehr so klar und für jedermann einleuchtend zu beantworten wie sicher noch vor 50 Jahren und erst recht in früheren Zeiten. Das hängt unseres Erachtens vor allem zusammen mit der sogenannten „Segmentierung" der Religion, d.h. mit ihrer Auffächerung gewissermaßen in einer Reihe von Unterabteilungen. Gemeint ist, dass dort, wo früher bei ganzen Bevölkerungsgruppen eine ziemlich einheitliche religiöse Vorstellungswelt bestand, heute eine Reihe von religionsähnlichen Auffassungen miteinander konkurrieren, sich miteinander vermischen und eben eine Art neuer Unterabteilungen von Religion hervorbringen.

Zunächst verdeutlichen wir uns, welche Funktion Religion etwa im Leben einer Bäuerin vor etwa 150 Jahren gehabt hat. In ihrem Heimatdorf stand die Kirche nicht nur äußerlich im Mittelpunkt des Ortes. Auch den allgemein geltenden Vorstellungen nach fühlte man sich dort ganz selbstverständlich als evangelisch. In ihrem Elternhaus wurde abends am Kinderbett gebetet; vor den Mahlzeiten sprach der Vater ein Tischgebet. Die Mutter ging alle 14 Tage zum Gottesdienst, der Vater durchschnittlich einmal im Monat. Im Religionsunterricht der Volksschule sowie im Konfirmandenunterricht musste sie eine ganze Anzahl von Gesangbuchversen, die meisten Stücke des Katechismus und einen Teil der in der Lutherbibel fett gedruckten biblischen Kernsprüche auswendig lernen. Die evangelische Gedankenwelt wurde auf diese Weise ganz selbstverständlich zu ihrem eigenen religiösen Vorstellungsrahmen.

Dieser Rahmen wurde immer wieder bestätigt und gefestigt durch das, was die Menschen ringsum glaubten und wie sie sich verhielten. Selbst wenn ihr die evangelische Welt- und Lebensanschauung nicht einleuchtend gewesen wäre, hätte unsere Bäuerin kaum die Möglichkeit eines anderen religiösen Rahmens gehabt: Denn ihr fehlten sowohl die Kenntnisse einer anderen Weltanschauung als auch die Instrumente, mit ihnen umzugehen. Sie war, ohne selbst vorher gefragt worden zu sein, in die evangelischlutherische Religiosität nicht nur hineingewachsen, sondern die in ihrem Heimatgebiet herrschende Religion war ihre eigene, sozusagen ein Stück von ihr geworden.

Damit können wir die Frage wieder aufnehmen, welche Funktion denn die Religion im Leben von dieser Bäuerin erfüllte, nachdem sie ins Nachbardorf hinübergeheiratet hatte und selbst Mutter geworden war. Ich unterscheide zur Verdeutlichung drei Bereiche, in denen diese Funktion klar zu beobachten ist.

Der erste Bereich betrifft das sogenannte Gefühlsleben. Sie muss mit ihren verschiedensten Ängsten fertig werden, beispielsweise mit der Angst, dass ihr lebensgefährlich erkranktes Kind sterben könnte, oder mit der Angst, dass der eigene Ehemann als Soldat im Kriege fallen könnte oder dass das heimatliche Dorf und die eigene Familie durch eine Epidemie oder durch eine Folge katastrophaler Missernten in Not und Elend geraten könnte. Mit all diesen Ängsten fertig zu werden hilft ihr ihre Religion; sie betet, sie bittet Gott um Hilfe, sie sagt sich die Gesangbuchverse auf, die ihr die Möglichkeit geben, ihre eigenen Empfindungen überhaupt einmal in Worte zu fassen, sie damit ein Stück weit aufzuarbeiten. Überhaupt findet sie in diesen Gesangbuchversen ihre eigenen Lebensverhältnisse wieder, nicht nur, was die Angst betrifft, sondern auch, was die Erfahrungen der Freude oder des Glückes, des Vertrauens oder der Enttäuschung, des Leidens und des Sterbens angeht.

Unsere Bauersfrau hat, wie gesagt, keine anderen Instrumente, mit dem unruhigen Bereich ihrer Gefühle umzugehen, als diesen ihren religiösen Vorstellungsrahmen. Der aber hilft ihr auch tatsächlich.

Der zweite Bereich, in dem die Religion eine wichtige Bedeutung für die Frau hat, sind die sogenannten Sinnfragen des Lebens. Es ist nicht so, dass sie sich dauernd mit diesen Fragen beschäftigt, dass sie von ihnen umgetrieben würde. Aber sie weiß, sie sind grundsätzlich beantwortet. Diese Fragen, woher es beispielsweise kommt, dass man das Gute will und doch das Böse tut, woher es kommt, dass der eine, obwohl ein durch und durch anständiger Mensch, geradezu vom Pech verfolgt ist, und der andere, ein durchtriebener Schurke, auch noch Glück mit seinen finsteren Geschäften hat; warum Menschen überhaupt leiden und sterben müssen; diese Fragen haben ihre beängstigende Macht verloren.

Im Katechismus hat sie gelernt, warum die Welt so ist, wie sie ist. Und diese Antworten des Katechismus hat sie ebenso wenig wie ihre Altersgefährten und Dorfgenossen je hinterfragt. Die sogenannten Sinnfragen des Lebens waren letzten Endes geregelt – auch wenn, das freilich wusste Frau Michel genau, es im persönlichen Leben oft sehr schwer war, sich in diesen Sinn zu schicken, ihn zu akzeptieren.

Der dritte Bereich, in dem die Religion für sie eine wichtige Rolle spielt, betrifft die sittliche Ordnung, die ethischen Werte und Normen, was man im Volksmund „gut und böse" nennt. Diese sittliche Ordnung hat ihr Zentrum in den Zehn Geboten, ausgelegt und erklärt wiederum im lutherischen Katechismus. Gewiss erlebte die Frau ständig, dass diese Zehn Gebote nicht streng eingehalten wurden, und gewiss war sie keineswegs darauf aus, mit erhobenem Zeigefinger hinter jedem herzulaufen, der ein **Gebot** ersichtlich übertreten hatte. Sie war keineswegs eine religiöse Fanatikerin. Trotzdem hielt sie entschieden daran fest, dass von den Zehn Geboten nicht ein Tüpfelchen abgestrichen werden dürfe; denn wenn die grundsätzliche Gültigkeit der Zehn Gebote außer Kraft gerate, dann, so meinte sie ebenso wie die allermeisten ihrer Zeitgenossen, werde das Leben aus den Fugen geraten, werde gewissermaßen alles „drunter und drüber" gehen.

Fassen wir noch einmal zusammen, wie sich Religion darstellt, wenn wir von ihrer Funktion für den einzelnen Menschen ausgehen: Sie erscheint als eine emotional hochbesetzte Bindung an ein bestimmtes Deutungs- und Werteschema. Diese Bindung hat die Aufgabe, dem Menschen zu helfen, mit den Gegebenheiten, Zufälligkeiten und Undurchsichtigkeiten seiner Alltagswelt fertig zu werden.

„Kontingenzbewältigung",
S. 12

Karl Wilhelm Dahm
(geb. 1931), Soziologe und Theologe.

Trost – Opium – eine Vision?

Die Religion kann die Unzufriedenheit des Menschen mit seinem Leben und die unlösbaren Konflikte, in die er zwangsläufig gerät, in gewisser Weise kompensieren.

Ob die chronische Unzufriedenheit des Menschen in erster Linie gesellschaftliche Ursachen hat, weil sich viele Menschen unterdrückt und ausgebeutet fühlen, oder ob das Leiden am Leben eher daher kommt, dass Menschen sich nicht mit ihrer endlichen Existenz, mit Krankheit, Verfall und Tod abfinden können – in jedem Fall kann der Glaube eine Entlastung sein. Das Leben, das hier nicht gelingt und immer bruchstückhaft bleibt, wird von Gott – so sagt es die Religion – im Jenseits zu Ende und damit zu seiner Vollkommenheit geführt.

Die Religion gibt also dem Menschen Trost und den Ausblick auf eine andere Welt, in der die Schäden geheilt werden können, die in diesem irdischen Leben nicht mehr zu heilen sind.

Religionskritiker haben an dieser Stelle eingewandt, dass genau diese Eigenart und Fähigkeit der Religion zur Kompensation auch schädlich sein kann, weil sie den Menschen dazu verleitet, sich mit den Umständen seines Lebens abzufinden, statt nach Möglichkeiten der Verbesserung und Veränderung zu suchen; Karl Marx befand gar, die Religion sei das Opium des Volkes!

Andere Philosophen sehen gerade in der Religion die Möglichkeit des Menschen, seine Lebensumstände kritisch zu betrachten, weil eine andere Welt, ein Jenseits, wenigstens denkbar wird und der Glaube dazu aufruft, das Reich Gottes auch schon auf der Erde als Ziel anzustreben.

T8

„Religionskritik", S. 16

Marx und Engels

Die Stufen des Glaubens
nach James W. Fowler

Primärer Glaube – Säuglingsalter

Das Kind bringt den Personen, die mit ihm Beziehungen aufnehmen (Eltern), ein Urvertrauen entgegen. Dieses Urvertrauen ist notwendig, um Trennungen und Frustrationen ertragen zu können.

Intuitiv-projektierender Glaube – Frühe Kindheit

Die Phantasie wird von Geschichten, Gesten und **Symbolen** angeregt und noch von keinem logisch-realitätsbezogenen Denken kontrolliert und eingeschränkt. Vorstellungen von beschützenden und bedrohlichen Mächten prägen sich aus und bleiben lange bestehen.

Mythisch-wörtlicher Glaube – Kindheit und darüber hinaus

Die sich entwickelnde Fähigkeit zum logischen Denken hilft beim Ordnen der Welt nach Raum, Zeit und **Kausalität**. So werden auch die religiösen Vorstellungen eingeteilt („oben" im Himmel und „unten" auf der Erde; Gott als Schöpfer der Welt usw.)

Synthetisch-konventioneller Glaube – Jugendzeit und darüber hinaus

Neue kognitive Fähigkeiten ermöglichen das Erfassen der eigenen Perspektive und der des anderen. Verschiedene Selbst-Bilder fügen sich zur eigenen Identität. Der Glaube kann dies unterstützen und gemeinschaftsfähig machen.

Individuell-reflektierender Glaube – Frühes Erwachsenenalter

Eine kritische Überprüfung des eigenen Glaubens und das größere Verständnis für andere verändern die eigenen Einstellungen. Man nimmt sich als Teil eines sozialen Systems wahr und übernimmt Verantwortung. Man trifft Entscheidungen hinsichtlich des eigenen Lebensstils und überdenkt seine Grundeinstellungen.

James W. Fowler (geb. 1940), amerikanischer methodistischer Theologe.

Verbindender Glaube – Mittlerer Lebensabschnitt

Der Glaube bietet Deutungen für Widersprüche und Rätselhaftes im eigenen Leben. **Symbole** aus der eigenen oder auch aus fremden Traditionen werden wichtig, weil sie helfen, den Sinn der Realität zu erfassen und darzustellen.

Universalisierender Glaube – Mittlerer Abschnitt und später

Die unmittelbaren eigenen Probleme treten zurück; man gewinnt Distanz zu den Paradoxien des Lebens. Der Glaube ermuntert dazu, in freier Weise anderen dabei zu helfen, Trennungen, Unterdrückung und Unrecht zu überwinden.

an gott

dass an gott geglaubt einstens er habe T10
fürwahr er das könne nicht sagen
es sei einfach gewesen gott da
und dann nicht mehr gewesen gott da
und dazwischen sei gar nichts gewesen
jetzt aber er müsste sich plagen
wenn jetzt an gott glauben er wollte
garantieren für ihn könnte niemand
indes vielleicht eines tages
werde einfach gott wieder da sein
und gar nichts gewesen dazwischen

Ernst Jandl (Österreichischer Dichter, 1925–2000)

Jugend heute – religiöser als ihr Ruf?

Religionsmonitor der Bertelsmann-Stiftung

Wenn der Papst zum Weltjugendtag nach Sydney anreist, werden ihm Hunderttausende junger Menschen begeistert zujubeln. Auch weltweit sind Jugendliche und junge Erwachsene viel religiöser als gemeinhin angenommen. Dies ist das Ergebnis einer internationalen Studie der Bertelsmann Stiftung aus Anlass des Weltjugendtages in Australien. So sind global betrachtet 85 Prozent der jungen Erwachsenen religiös und sogar fast die Hälfte (44 Prozent) hochreligiös einzuschätzen. Lediglich 13 Prozent haben mit Gott und Glauben nichts im Sinn.

Allerdings zeigt sich ein sehr divergierendes Bild in den einzelnen Ländern und unter den verschiedenen Konfessionen. Während junge Erwachsene in islamischen Staaten und Entwicklungsländern besonders stark religiös sind, zeigen sich vor allem junge Christen in Europa vergleichsweise religionsfern. So sind zum Beispiel 80 Prozent aller jungen Protestanten außerhalb Europas hochreligiös und 18 Prozent religiös. Unter den europäischen jungen Protestanten sind gerade einmal 7 Prozent Hochreligiöse zu finden, 25 Prozent müssen dagegen als Karteileichen ihrer Kirchen betrachtet werden. (...)

Das divergierende Bild über die Religiosität unter jungen Menschen in den verschiedenen Ländern und Konfessionen zeigt sich auch in Bezug auf ihre religiöse Praxis. Während etwa die jungen Erwachsenen in hochreligiösen Ländern wie Nigeria oder Guatemala zu 90 Prozent mindestens einmal täglich beten, tun dies in Ländern wie Indien, Marokko oder der Türkei immerhin noch drei von vier der Befragten. Weitgehend unüblich ist das tägliche Gebet inzwischen dagegen unter jungen Europäern. In Frankreich beten gerade einmal noch 9 Prozent der jungen Leute täglich, in Russland sind es 8 Prozent und in Österreich nur etwa 7 Prozent.

Eine große Ausnahmeerscheinung zwischen westlich geprägten Industrieländern auf der einen und Entwicklungsländern bzw. den islamisch geprägten Staaten auf der anderen Seite bilden die USA. Wie auch unter den Erwachsenen finden sich in den USA in der jüngeren Generation weitaus mehr religiöse Menschen als in den meisten anderen westlichen Ländern. Von den jungen Amerikanern geben 57 Prozent an, täglich zu beten. Und in den freikirchlichen und Pfingstbewegungen der USA sind unter den jungen Erwachsenen praktisch nur religiöse Menschen zu finden, fast 90 Prozent von ihnen sind sogar tief religiös.

Aufgaben

Abbildungen haben keine eigene Nummerierung; sie werden in die Zusammenhänge der Aufgaben zum Text (T1 …) eingebettet.

Zum Titelbild:
- Deuten Sie die Karikatur und setzen Sie sie in Beziehung zu glaubenskritischen Positionen, die Ihnen bekannt sind.

T1 – Bewerten Sie die pädagogische Qualität des Nachtgebets; beziehen Sie, wenn vorhanden, eigene biografische Erfahrungen in Ihre Darstellung ein.

T2 – Interpretieren Sie Psalm 139 mit Ihrer Stimme. Vergleichen Sie in der Klasse unterschiedliche Lösungen dieser Aufgabe.
- Diskutieren Sie in der Klasse erste Eindrücke von diesem Text und ordnen Sie sie in ein Schema von „Bedrängend" bis „Beruhigend" (o.ä.).

T3 – Entfalten Sie die jeweils zum Ausdruck kommende Position und fügen Sie sie Ihrem Schema hinzu.

T4 – Begründen Sie die unterschiedlichen Haltungen psychologisch, biografisch, soziologisch u.ä.

T5

T6

T7 – Analysieren Sie die methodische Voraussetzung des Textes und entfalten Sie seine These.
- „Ich bin mit meiner Religion zufrieden. Sie passt zu mir." – Vergleichen Sie dieses Statement eines Jugendlichen mit der religiösen Befindlichkeit der beschriebenen Bäuerin vor 150 Jahren.
- Erörtern Sie den Widerspruch: „Die Religion formt die Persönlichkeit – die Person sucht sich eine passende Religion."

T8 – Erläutern Sie die Funktionen von Religion anhand von Beispielen aus der eigenen Erfahrung.
- Diskutieren Sie die Chancen und Risiken von „Kompensation" aus der Sicht eines Marxisten und eines Christen.
- „Wer über die Funktionen von Religion nachdenkt, kann nicht mehr glauben." – Nehmen Sie Stellung zu dieser These.

T9 – Überprüfen Sie das Stufenschema anhand eigener biografischer Erinnerungen.
- Entwerfen Sie Empfehlungen für
  a) den Grundschulreligionsunterricht,
  b) den Konfirmandenunterricht auf der Grundlage der Fowler'schen Stufen.
- Überprüfen Sie die Evidenz und die Grenzen des Stufenschemas (vgl. auch die Abbildung).

T10 – Interpretieren Sie das Gedicht und analysieren Sie die Syntax.
- Arbeiten Sie die Quintessenz des Gedichts heraus und suchen Sie nach Anhaltspunkten aus Ihrem eigenen Erleben.

T11 – Entwerfen Sie eine Skizze der religiösen Landschaft, in der Sie aufwachsen. Ziehen Sie neue empirische Ergebnisse hinzu, wie sie der „Religionsmonitor" auf der Homepage der Bertelsmann-Stiftung bereitstellt. Berücksichtigen Sie auch Kontrastmodelle, wie die USA oder die islamische Welt.

Kompetenzen

Ich kann

- beschreiben, welche unterschiedlichen Wirkungen der Glaube an Gott auf die Psyche von Menschen haben kann
- erläutern, welche besondere Perspektive die **Religionssoziologie** im Hinblick auf den Glauben einnimmt und welche Funktionen der Religion sie für die Menschen in einer Gesellschaft beschreibt
- über aktuelle Untersuchungen über die Bedeutung des Gottesglaubens für unsere Gesellschaft (und weltweit) Auskunft geben
- über die Beziehung zwischen entwicklungspsychologischen Phasen und dem Gottesbild referieren
- Chancen und Grenzen des Modells der „Stufen des Glaubens" aufzeigen und diskutieren
- über lebensgeschichtliche Veränderungen meines eigenen Gottesbildes Auskunft geben und den Einfluss beschreiben, den Lebenserfahrungen auf das Gottesbild ausüben können

7 (K)ein Gott ohne Bilder?

Echnaton und Nofretete, Relief aus Amarna

Die monotheistische Revolution
von Jan Assmann

Echnaton

Jan Asmann (geb. 1938), ist Ägyptologe und Religionswissenschaftler. Er sieht einen inhaltlichen Zusammenhang zwischen dem Ein-Gott-Glauben der Amarnazeit und der literarischen Gestalt des Mose.

Um die Mitte des 14. Jahrhunderts v. Chr. beseitigte König Amenophis IV. von Ägypten, der sich später Echnaton nannte, die traditionelle **polytheistische** Religion Ägyptens und setzte an ihre Stelle den Kult eines einzigen Gottes, der Sonne. Das ist der erste Akt einer Religionsstiftung, von der wir in den Archiven der Menschheitsgeschichte hören; Echnaton erscheint als der Erste einer Reihe, die sich dann in Moses, Zarathustra, Buddha, Jesus, Mohammed fortsetzt.

Im Laufe der 18. Dynastie bricht sich ein neues Weltbild Bahn. Sonnengott und Götterwelt treten in wachsende Distanz zueinander. Der welterhaltende Sonnenlauf wird jetzt nicht mehr als ein wiederkehrendes Geschehen dargestellt. Die mythischen Bilder verschwinden. An ihre Stelle tritt die Vorstellung eines *Gegenübers* von Sonnengott und irdischer Welt, zu der auch die Götterwelt gehört. Dieses Weltbild wird von Echnaton radikalisiert.

Die Existenz der Götter wird nun vollends geleugnet und daraus die Konsequenz gezogen, ihre Tempel zu schließen, ihre Kulte einzustellen und ihre Bilder und Namen zu zerstören. Die so entgötterte Erde wird dem einzigen Gott, der sich am Himmel als Sonne manifestiert, in schlechthinniger Abhängigkeit als das rein passive Objekt seiner belebenden Einwirkung gegenübergestellt.

Echnatons bahnbrechende Entdeckung bestand in der Einsicht, dass die Sonne nicht nur durch ihre Strahlen Licht und Wärme, sondern auch durch ihre Bewegung Zeit und Entwicklung hervorbringt, und dass sich daher die gesamte **Wirklichkeit** auf das Wirken der Sonne zurückführen lässt:

„Schöpfungsglaube", S. 47

> *Die Welt entsteht auf deinen Wink,*
> *wie du sie geschaffen hast.*
>
> *Wenn du aufgehst, leben sie,*
> *wenn du untergehst, sterben sie.*
>
> *Du bist die Lebenszeit selbst,*
> *man lebt durch dich.*

Michelangelo: Moses, 1515

Moses

Hier erweist sich nun das zweite **Gebot** als das Gebot aller Gebote: *Du sollst Dir kein Bild machen.* Denn wer sich ein Bild macht, verstößt damit gegen das erste Gebot: *Du sollst keine anderen Götter haben neben mir.* Jedes Bild ist ein anderer Gott. Denn Gott ist unsichtbar und unabbildbar. Ein anderer Gott aber ist ein falscher Gott, ein Gott, der auf keinen Fall angebetet werden darf. Das erste und das zweite Gebot führen eine neue Unterscheidung in die Religion ein, die allen traditionellen Religionen vollkommen fremd gewesen war, die Unterscheidung zwischen „wahr" und „falsch".

Mit dieser Unterscheidung kommt ein neuer Begriff von Schuld und damit auch von Trauma in die Welt. Traditionelle Religionen beruhen auf dem Unterschied von heilig und profan bzw. rein und unrein. Schuld ist hier eine Form der Verunreinigung, die durch Sühneriten abgewaschen werden kann. Mit der Unterscheidung von wahr und falsch kommt es zum Begriff der unsühnbaren **Sünde**. Das ist allen voran die **Idolatrie**, der Verstoß gegen das zweite Gebot. Davon erzählt die Geschichte vom Goldenen Kalb.

Das Volk wollte sich gar nicht anderen Göttern zuwenden, als es von Aaron ein Bild verlangte. Es verlangte ein Bild Gottes, das vor ihm herziehen solle, als Ersatz für Mose, der auf dem Sinai verblieben war und den man tot wähnte. Es wollte den Repräsentanten Gottes durch eine Repräsentation ersetzen. Darin bestand seine Sünde. Der wahre Gott lässt sich nicht repräsentieren. Jeder Versuch einer Repräsentation wird unweigerlich zur Lüge, zu einem falschen Gott.

Im Licht der offenbarten **Wahrheit** wird alles Frühere und Andere als Finsternis und Unwahrheit ausgegrenzt. Die Unterscheidung zwischen wahr und falsch impliziert die gewaltsame Zerstörung aller traditionellen Begriffe des Göttlichen.

Nichts hätte einer traditionellen Religion ferner gelegen als die Angst, falsche Götter anzubeten. Ihre ganze Sorge galt vielmehr umgekehrt der Gefahr, eine wichtige Gottheit zu vernachlässigen.

Die neuen Offenbarungsreligionen sind in vieler Hinsicht die genaue Umkehrung traditioneller, primärer Religionen.

Die Annahme „falscher" Götter stößt in der menschlichen Seele auf schwersten Widerstand. So einfach kommt der Mensch von den zu „falschen Götzen" erklärten Göttern nicht los. Denn diese Götter haben den Vorzug und die Verführungskraft der natürlichen Evidenz, die der geoffenbarten Wahrheit abgeht. Es handelt sich um die Götter dieser Welt bzw. um die Göttlichkeit der Welt, die von der monotheistischen Religion radikal entzaubert wird. Von diesem Widerstand sind die biblischen Texte voll.

Der entscheidende Punkt scheint mir in dem völlig neuen Gewicht zu liegen, das die Texte auf den inneren Nachvollzug der **Offenbarung**, den inneren Menschen legen. Dadurch wird Religion zu einem Psychodrama. Die Unterscheidung zwischen wahr und falsch trennt nicht nur Juden und Heiden, oder Christen und Heiden, oder Muslime und Ungläubige, sondern sie schneidet mitten durch das menschliche Herz, das nun erst eigentlich zum Schauplatz religiöser Dynamik wird. Die offenbarte Religion ist in einem ganz neuen und emphatischen Sinne „Herzenssache".

Dazu genügt der Hinweis auf das jüdische Glaubensbekenntnis, das nicht von ungefähr die Einzigkeit Gottes und die Intensität des inneren Nachvollzugs in engsten Zusammenhang bringt:

Höre Israel, der Herr,
unser Gott, ist Einer.
Und du sollst den Herrn, deinen Gott,
lieben von ganzem Herzen,
von ganzer Seele
und mit aller deiner Kraft.
Und diese Worte,
die ich dir heute gebiete,
sollen dir ins Herz geschrieben sein.

Jahwe allein

von Schalom Ben-Chorin

Die Proklamation der Einzigkeit Gottes stellt das Kennzeichen des Judentums schlechthin dar. Nach einer talmudischen Auffassung ist Jude, wer dieses Bekenntnis ablegt. Es wurde immer als der Inbegriff des Judentums aufgefasst. Wenn Jesus von Nazareth es an
5 erster Stelle der vornehmsten Gebote aufführt, so bewegt er sich damit ganz auf der Linie des traditionellen Judentums.

Hier wird nun deutlich, dass dieser Gott von Ewigkeit zu Ewigkeit, durch alle Zeiten hindurch war, ist und sein wird, aber dass über sein Wesen damit nichts ausgesagt wird und nichts ausgesagt
10 werden kann. Es ist derselbe Gott, der sich im Feuer und Sturm, aber auch wiederum nicht im Feuer, nicht im Erdbeben, sondern in der Stimme feinen Schweigens dem Elija offenbart (1 Kön 9,12). Zu Jeremia spricht er aus dem blühenden Mandelzweig und zu Hiob aus dem Gewitter.

15 Die Manifestationsformen Gottes sind ebenso wenig zu begrenzen wie seine Wesensmerkmale. Es kann nicht mehr von diesem Gott gesagt werden, als dass er der Seiende ist.

Die alleinige Anbetung Gottes schließt natürlich auch jeden Bilderdienst aus. Weder Gemälde noch Plastik haben im jüdischen
20 Kult einen legitimen Platz. Wir wissen, wie geradezu ironisch die hebräische Bibel den Bilderdienst nicht nur im Dekalog ablehnt, sondern auch verunglimpft. Der 115. Psalm ist Ausdruck dieser verständnislosen Ablehnung jeder Idolatrie.

Als der Gegensatz zu diesem Aberglauben wird Israel gerühmt,
25 das allein auf den Herrn vertraut.

Schalom Ben-Chorin (1913–1999), Geburtsname: Fritz Rosenthal, jüdischer Journalist und Religionswissenschaftler.

© Michael Lucan

Gott hat einen Namen …

Im Judentum wird der Name Gottes aus Ehrfurcht nicht ausgesprochen und in der Konsonantenschrift des Thoratextes mit den Vokalen des Ersatzwortes „Adonai" (Herr) unterlegt.

Gott nennt Mose seinen Namen: das Tetragramm JHWH der hebräischen Bibel wurde vermutlich „Jahwe" gesprochen und gilt zunächst wohl als Eigenname.

Der Name „Jahwe", der aus dem Zeitwort „sein" gebildet ist, kann verschieden gedeutet werden, je nachdem, ob man die Verhüllung Gottes oder seine Zusage betont. Die klassischen Übersetzungen der griechischen Septuaginta oder der lateinischen Vulgata legen den Akzent auf die Distanz: ego sum qui sum. Das „Ich bin, der ich bin" zeigt die mit sich selbst identische, mit nichts anderem vergleichbare, transzendente, in sich ruhende Gottheit, wie sie in der Philosophie als summum bonum und ens perfectissimum gedacht wird.

Der Kontext der Bibelstelle, der den Beginn des gemeinsamen Weges von Gott und seinem Volk markiert, lässt aber eher an die Nähe und Fürsorge Gottes denken. Das Buch Exodus breitet die Geschichte von Verheißung und Befreiung des Volkes aus und zeigt Jahwe als den Gott, auf den auch in schweren Zeiten Verlass ist. Übersetzungen und Umschreibungen wie: „Ich werde bei dir und mit dir sein" oder „Ich werde da sein, wenn du mich brauchst" berücksichtigen diesen Zusammenhang deutlicher.

Luther übersetzt: „Ich werde sein, der ich sein werde" und setzt ansonsten im Text für „Jahwe" das Wort „Herr" im Anklang an das jüdische Adonai und den griechischen Christustitel Kyrios. Noch deutlicher wird der jüdische Übersetzer Martin Buber mit: „Ich bin wirklich und wahrhaftig da, bin bereit zu helfen und zu wirken. Ich bin und bleibe gegenwärtig."

Gott ist namenlos
von Erich Fromm

Sogar vom streng monotheistischen Standpunkt stellt der Gebrauch des Wortes „Gott" ein Problem dar. Die Bibel betont, der Mensch dürfe nicht versuchen, sich in irgendeiner Form ein Bildnis Gottes zu machen. Zweifellos bedeutet der eine Aspekt dieses
5 Gebots, dass es ein Tabu ist, um die Ehrwürdigkeit Gottes zu wahren. Ein anderer Aspekt hingegen ist der Gedanke, dass Gott ein Symbol für alles darstellt, was im Menschen liegt und was dennoch der Mensch nicht ist; ein Symbol einer geistig-seelischen Realität, die in uns zu verwirklichen wir streben können, ohne dass
10 wir vermöchten, sie zu beschreiben oder zu definieren. Gott gleicht dem Horizont, der unserem Blick die Grenzen setzt. Dem naiven Gemüt erscheint dieser als etwas Greifbares und doch erweist er sich als Fata Morgana, wenn wir ihn fassen wollen. Wenn wir uns fortbewegen, bewegt sich auch der Horizont. Sobald wir auch nur
15 einen kleinen Hügel erklimmen, hat sich unser Gesichtskreis ein wenig erweitert, aber er bleibt eine Begrenzung und wird niemals zu einem Ding, das man zu greifen vermag. Die Vorstellung, dass Gott nicht definiert werden kann, ist in der biblischen Erzählung von der Offenbarung Gottes an Moses deutlich ausgesprochen.
20 (...)

„Unabschließbarkeit", S. 18

Der Sinn dieser Worte wird noch deutlicher, wenn wir uns enger an den hebräischen Text halten: „Ich bin, der ich bin" (ehje asher ehje). Moses fragt Gott um seinen Namen, weil ein Name etwas ist, das man fassen und anbeten kann. Während der ganzen Ge-
25 schichte vom Auszug der Kinder Israels hat Gott liebevolle Zugeständnisse an ihren zur Bilderverehrung neigenden Geisteszustand gemacht und so auch jetzt wieder, indem er Moses seinen Namen nennt. Doch in diesem Namen steckt eine tiefsinnige Ironie. Er drückt weit eher lebendiges Sein und Werden aus als etwas Be-
30 grenztes, das man benennen kann wie ein Ding. Der Sinn des Textes würde genau wiedergegeben, wenn die Übersetzung lautete: „Mein Name ist Namenlos."

2 Mose 3

In der Entwicklung der christlichen und jüdischen Theologie finden wir wiederholt Versuche, eine geläuterte Vorstellung von
35 Gott zu gewinnen, indem man jede Spur einer Beschreibung oder Definition Gottes unterließ (Plotin, Maimonides). Wie es der große deutsche Mystiker, Meister Eckhart, ausgedrückt hat: „Das, was man sagt, das Gott sei, das ist er nicht; was man nicht von ihm sagt, hat mehr Wahrheit als das, was man sagt, dass er sei."

Erich Fromm (1900–1980), deutsch-amerikanischer Psychoanalytiker, Philosoph und Sozialpsychologe.

Denkt man den **Monotheismus** mit seinen logischen Konsequenzen wahrhaft zu Ende, so kann es keinen Streit über das Wesen Gottes geben. Kein Mensch kann behaupten, eine solche Kenntnis von Gott zu haben, dass er befugt wäre, kraft dessen seine Mitmenschen zu kritisieren oder zu verdammen oder zu behaupten, seine eigene Gottesvorstellung sei die einzige richtige. Die religiöse Intoleranz, die so charakteristisch ist für die westlichen Religionen und aus derartigen Ansprüchen stammt – und, psychologisch gesprochen, ihre Wurzel in einem Mangel an Glauben oder an Liebe hat –, hat einen verheerenden Einfluss auf die religiöse Entwicklung gehabt. Sie hat zu einer neuen Form von Götzendienst geführt. Ein Bildnis von Gott, nicht in Holz oder Stein, sondern in Worten, wird errichtet, und die Menschen beten dieses Heiligtum an. (…)

Bekümmert uns noch das Problem der Abgötterei? Erst wenn wir gewisse „primitive" Götzenbilder aus Holz oder Stein finden, fällt sie uns auf. Wir vergessen, dass das Wesen des Götzendienstes nicht in der Anbetung dieses oder jenes Götzenbildes liegt, sondern dass er eine bestimmte menschliche Haltung darstellt. Diese kann beschrieben werden als die Vergottung von Dingen, von bestimmten Aspekten der Welt, und als Unterwerfung des Menschen unter solche Dinge, im Gegensatz zu einer Haltung, mit der der Mensch sein Leben der Verwirklichung der höchsten Lebensideale, der Liebe und Vernunft, widmet und darum ringt, das zu werden, was er der Möglichkeit nach ist, ein Wesen, geschaffen zum Ebenbild Gottes. Nicht Bildnisse aus Stein und Holz sind die Idole. Worte können Idole werden; Maschinen können Götzenbilder sein; Führer, der Staat, Macht und politische Gruppen können diese Rolle spielen. Die Wissenschaft oder die Meinung der Leute über uns können zu Götzen werden - und Gott ist für viele ein Idol geworden.

„Gottesebenbildlichkeit", S. 48

Gott – ein Wort unserer Sprache?

T6

Wenn Gott nicht in Bildern dargestellt werden darf, weil er keine Ähnlichkeit mit den geschaffenen Dingen aufweist, dann stellt sich natürlich auch die Frage, wie man überhaupt von ihm sprechen kann. Auch Worte sind letztlich Bilder oder beziehen sich auf Bilder. Wenn
5 Gott Vater, Richter, König genannt wird, wenn von seiner Güte, Weisheit und Gerechtigkeit die Rede ist oder wenn von ihm gesagt wird, dass er uns schützt, befreit und aufrichtet, so benützen wir hier sprachliche Bilder. Wird Gott damit dem Geschaffenen gleichgestellt?
  Der eine Gott ist der Urgrund für unsere Wirklichkeit, aber er ist zu
10 ihr transzendent (jenseitig), d.h. er gehört nicht zu ihr. Wegen der grundlegenden Andersartigkeit Gottes im Vergleich zu unserer Welt, der Schöpfung, kann man keine Bilder finden, die etwas von Gott erfassen und auf ihn hinweisen. Das heißt aber nicht, dass Gott nicht in unserer Sphäre Bilder für sich in Anspruch nehmen kann, um sich den
15 Menschen zu zeigen.
  Nach christlichem Verständnis tut er das in der Verkündigung Jesu. Jesus spricht in Gleichnissen von Gott, d.h. er macht das Wesen Gottes in Bildern verständlich. Er schildert ihn als barmherzigen Vater, in seiner Güte souveränen Weinbergbesitzer und vergebenden Herrn.
20 Diese Bilder drücken etwas von Gott aus, weil Gott sich in ihnen ausdrücken will.
  Christen haben daraus den Schluss gezogen, dass Jesus Christus das sichtbare und anschauliche Bild Gottes in unserer Welt ist und dass man deshalb
25 auch durch ein Bild von Jesus Gott kenntlich machen kann, ohne das Bilderverbot zu verletzen. Denn es bleibt ja dabei, dass nichts Irdisches von sich aus auf Gott hinweist, sondern dass es umgekehrt Gott ist, der Irdisches, den Menschen Jesus Christus, in seinen
30 Dienst nimmt, um sich den Menschen zu offenbaren.

Symbolische Rede von Gott bei Paul Tillich

*Von Gott kann man nach Paul Tillichs Meinung nur in indirekten, symbolischen Aussagen reden. Die einzige direkte Aussage über Gott, die er für möglich hält, ist sehr abstrakt: Gott ist das Sein selbst, Gott ist die Tiefe des Seins.
Konkrete Aussagen über Gott wie z.B. er ist Schöpfer, er ist Person, er liebt, er erlöst uns etc. sind immer symbolisch zu verstehen, aber sie sind deshalb nicht unwichtig. Im Gegenteil: sie können ganz grundlegende Erfahrungen des Menschen ausdrücken, ohne sie in unangebrachter Weise zu vergegenständlichen. Wer die Symbole für Gott wörtlich versteht, macht aus Gott einen Götzen.*

T7 „Gott" ist das fundamentale **Symbol** des Glaubens, aber es ist nicht das einzige. Alle Eigenschaften, die wir ihm zulegen, wie Macht, Liebe, Gerechtigkeit, sind aus unseren endlichen Erfahrungen genommen und werden symbolisch angewandt auf das, was sich jenseits von Endlichkeit und Unendlichkeit befindet. Wenn der Glaube Gott „allmächtig" nennt, so benutzt er die menschliche Erfahrung der Macht, um den Gegenstand seines unendlichen Anliegens symbolisch darzustellen; aber er beschreibt nicht ein höchstes Wesen, das tun kann, was ihm beliebt. Das Gleiche gilt für alle anderen Eigenschaften, die der Mensch Gott zuschreibt, und für alles Handeln Gottes in Vergangenheit, Gegenwart und Zukunft. Es sind Symbole, die aus unserer alltäglichen Erfahrung genommen sind; aber es sind keine Berichte über etwas, das Gott in grauer Vorzeit getan hat oder in ferner Zukunft tun wird. Glaube ist nicht das Für-wahr-Halten von Geschichten, sondern er ist die Annahme von Symbolen, die unser unbedingtes Ergriffensein im Bild göttlichen Handelns ausdrücken.

Paul Tillich (1886–1965), deutsch-amerikanischer evangelischer Theologe und Religionsphilosoph.

Ich will von Gott erzählen wie von einem Menschen, den ich liebe

von Hans Frör

Wenn ich erzähle, dass Gott vor Freude über seine **Schöpfung** lacht oder vor Schmerz über Kains Bluttat weint, so erscheint dies zunächst als kindlich-unreflektierte, unangemessen menschengleiche Gottesvorstellung. Wenn man sich andererseits mit der
5 Negation begnügt und feststellt, dass Gott „natürlich" keine menschlichen Tränen weint und über kindlich fröhliches Gelächter hoch erhaben ist, so ergibt auch das eine Vorstellung von Gott, und es ist die Frage, ob ein solcher Gott, einer der weder lacht noch weint, der biblischen Überlieferung näher kommt. Durch die scheinbar
10 so logische Negation der allzu menschlichen Züge nimmt man Gott gerade das, was ihn für uns lebendig macht und uns nahe sein lässt. Wenn wir Gott nicht mit einem menschlichen Herzen erfahren und verkündigen, dann erfahren und verkündigen wir ihn herzlos.
15 Das **Gebot**, sich von Gott kein Bild zu machen (2 Mose 20,4), erfüllen wir nicht dadurch, dass wir Gott möglichst farblos und abstrakt statt bildhaft persönlich schildern. Sonst hätten alle Propheten und Jesus selbst es missachtet. Dieses Gebot ist vielmehr eine Warnung davor, Gott auf ein bestimmtes Bild, eine bestimmte
20 Vorstellung festzulegen, den Unterschied zu vergessen zwischen unserer Darstellung und dem Dargestellten selbst.
Das Volk Israel hat eine solche Festlegung Gottes gerade dadurch vermieden, dass es Gott persönlich-menschlich gezeichnet hat, mit Gefühlen und
25 Leidenschaft.
Dabei wussten die Verfasser der alten Schriften sehr gut, dass „der Himmel und aller Himmel Himmel Gott nicht fassen können" (1 Könige 8,27) und dass Menschen Gott nicht ins Gesicht schau-
30 en können (2 Mose 33,20). Trotzdem gestalteten sie ihre Botschaft von Gott menschlich lebendig und gaben so ihren besonderen Erfahrungen und Einsichten Ausdruck.

Hans Frör (geb. 1936), evangelischer Pfarrer, Fortbildungsleiter.

Alle Versuche, Gottes **Wirklichkeit** vor menschlicher Verzerrung zu schützen, schlagen ganz einfach dadurch fehl, dass auch diese Versuche menschlich verzerrter Gedankenwelt entspringen. Wir haben nicht die Wahl, von Gott Adäquates oder Unzulängliches auszusagen, sondern nur die, unzulänglich menschlich von ihm zu sprechen oder ganz zu schweigen. Darum möchte ich von Gott erzählen wie von einem Menschen, den ich liebe, und ihm damit den Platz lassen, auf den er selbst sich durch seine Menschwerdung begeben hat.

Max Ernst, Die Jungfrau Maria züchtigt das Jesuskind vor drei Zeugen: André Breton, Paul Elúard und dem Maler, 1926

Aufgaben

Abbildungen haben keine eigene Nummerierung; sie werden in die Zusammenhänge der Aufgaben zum Text (T1 …) eingebettet.

T1
- Entwerfen Sie – auf dem Hintergrund eigener Recherchen – ein Bild der ägyptischen Religion zur Zeit Echnatons und der von ihm eingeleiteten religiösen Revolution.
- Deuten Sie die Einzelelemente des Reliefs (Titelblatt) und bewerten Sie den Gesamteindruck. Ziehen Sie andere Darstellungen aus der Amarnazeit hinzu.
- Untersuchen Sie (Referatthema) die Philosophie der Vorsokratiker, insbesondere im Hinblick auf ihre „Suche nach dem Einen". Stellen Sie Vergleiche zur ägyptischen Variante des Ein-Gott-Glaubens an.

T2
- Vergleichen Sie das Konzept Echnatons mit dem des Mose; stellen Sie Schlüsselbegriffe heraus und entwickeln Sie ein Vorher-Nachher-Schema.
- Die Rede vom „Tanz um das Goldene Kalb" (vgl. 2 Mose 32) ist heute ein geflügeltes Wort: Interpretieren Sie es mit gestalterischen Möglichkeiten.
- In 5 Mose 6,5 findet sich das jüdische Glaubensbekenntnis. – Verschaffen Sie sich einen Überblick über seinen Kontext und setzen Sie es in Beziehung zu formalen Regeln, wie dem Tragen von Gebetsriemen (vgl. Foto).
- „Der Monotheismus ist die Geburtsstunde religiöser Intoleranz." – Prüfen und erörtern Sie diese These (die sich bei Assmann andeutet).

T3
- Psalm 115 und Jeremia 10,1–16: Prüfen Sie diese Texte aus der Sicht Schalom Ben-Chorins im Hinblick auf einen Zusammenhang zwischen dem alttestamentlichen Bilderverbot und religiöser Intoleranz.
- Und heute? – Nehmen Sie Stellung zum Vorwurf von Juden und Muslimen, das Christentum stelle einen Rückfall in die Bilderverehrung dar.

T4
- Vergleichen Sie die theologischen Konzepte bei der Deutung des Tetragramms JHWH und stellen Sie diese in einer Tabelle dar.

T5
- „Der strengste Monotheismus liegt nur einen winzigen Schritt vom Atheismus entfernt." – Diskutieren Sie diese These anhand der Aussagen von Erich Fromm.

T6
- „Keine Bilder, aber Gleichnisse!" – Erläutern Sie, was diese Antithese für die christliche Rede von Gott bedeutet. Entwickeln Sie ein neues, präziseres Bilderverbot.
- Weisen Sie mithilfe des Bildes vom „Gütigen Vater" („Verlorenen Sohn") den Aussage-Mehrwert eines Bildes gegenüber bloßen Worten nach.

T7
- Vergleichen Sie die Positionen Fromms und Tillichs und prüfen Sie deren Kompatibilität.
- „Glaube ist nicht das Für-wahr-Halten von Geschichten, sondern die Annahme von Symbolen" – Entwickeln Sie auf der Grundlage dieser These Paul Tillichs eine Gesprächsszene über den Glauben in einem Gemeindekreis.

T8
- Hans Frör lässt sein Buch mit folgendem Selbstgespräch Gottes beginnen (Auszug): „Ich habe es satt, allmächtig zu sein und alles zu wissen. Ich hungere nach Ereignissen, die mich überraschen, die mich verblüffen und in Bann schlagen. Ich sehne mich nach Geschöpfen, die auch anders sein können, als ich es wünsche." – Charakterisieren Sie diese Art, von Gott zu sprechen, und nehmen Sie dazu Stellung.
- Untersuchen Sie die Angemessenheit von bildlichen und sprachlichen Gottesvorstellungen; beziehen Sie das Titelblatt von Kapitel 4 in Ihre Überlegungen mit ein.
- Im Glaubensbekenntnis heißt es von Jesus Christus: „Er sitzt zur Rechten Gottes, des allmächtigen Vaters." – Setzen Sie sich auf dem Hintergrund Ihrer bisherigen Überlegungen mit der Berechtigung der hier ver-

wendeten Begriffe („Himmel", „sitzen") auseinander. In welchem Sinne gibt es einen Himmel?
- Erklären und erörtern Sie den Satz Dietrich Bonhoeffers: „Einen Gott, den es gibt, gibt es nicht!"
- Martin Luther erklärt, es gebe keinen Gott, von dem man Abstand nehmen könnte: „Ein Gott heißt das, von dem man alles Gute erwartet und zu dem man in allen Nöten Zuflucht nimmt ... Woran du nun dein Herz hängst und worauf du dich verlässt, das ist eigentlich dein Gott." (Großer Katechismus)

Erarbeiten Sie Vorschläge für eine bildliche Gestaltung eines solchen Gottesbegriffs.
- Eine Maria, die den kleinen Jesus übers Knie legt – Stellen Sie einen Zusammenhang zwischen diesem Bild und dem Gedankengang des Kapitels her. Nehmen Sie zu der Fragestellung, ob Humor sich mit Gottesbildern (siehe S. 93 und 94) verträgt.

Kompetenzen

Ich kann

- den grundlegenden Unterschied zwischen einem geoffenbarten, monotheistischen, transzendenten Gottesglauben und einem **polytheistischen** Weltverständnis an Beispielen erklären

- die Bedeutung der Gottesoffenbarung in 2 Mose 3 anhand der Übersetzungsmöglichkeiten des Jahwe-Namens erläutern

- den Zusammenhang zwischen striktem Ein-Gott-Glauben und dem Verbot, Gott darzustellen (**Bildnisverbot**) erläutern

- die jüdische und die christliche Auffassung des Bilderverbots voneinander unterscheiden

- an Beispielen (Tillich, Frör) deutlich machen, welche Formen der Rede von Gott im christlichen Glauben verankert sind

- mich zu der Frage äußern, wie der Respekt vor der **Transzendenz** und Heiligkeit Gottes heute Ausdruck finden sollte, z.B. Kriterien dafür nennen, welche Bilder und Aussagen über Gott diese Schwelle eventuell überschreiten

8 Kreuz und Auferstehung

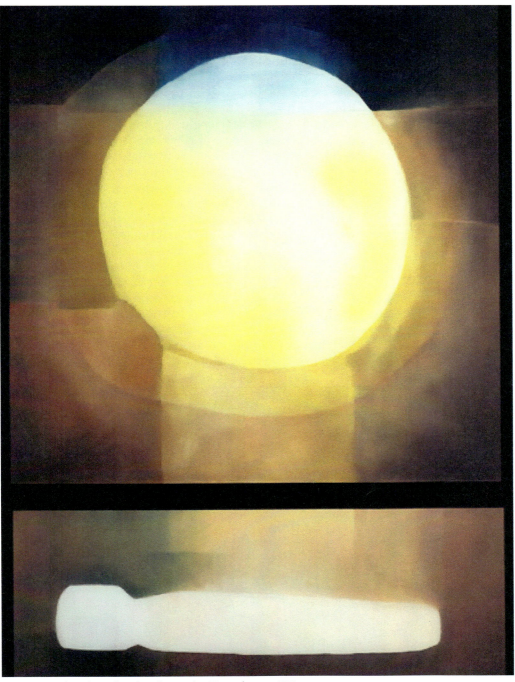

Heribert Huneke, Ich werde auferstehen – oder: Komm heraus, 1993

Kreuzigung in der Antike

von Martin Ebner

T1

Martin Ebner (geb. 1956), katholischer Theologe.

Sie trieben ihn durch die Gassen der Stadt. Die Leute gafften. Er trug das patibulum, den Querbalken des Kreuzes. Sein Körper war zerschunden von den Geißelhieben der römischen Soldaten. Auf dem Holzschild, das ihm vorausgetragen wurde, konnte man den Grund für seine Verurteilung lesen. Am vorgesehenen Hinrichtungsplatz angekommen, draußen vor der Stadt, riss man ihm die Kleider vom Leib: alle, auch das Untergewand. Seine Arme nagelte man auf den Querbalken und zog ihn, so mit ausgestreckten Armen am Balken hängend, am bereits fest installierten Längsbalken, stipes genannt, hoch – aber nur so weit, dass seine Füße knapp den Boden berührten. Wenn das ganze Spektakel vorbei war, sollten ruhig die wilden Tiere kommen und sich an seinem Leichnam genugtun. Aber bis dahin würde es noch eine Weile dauern. Je nach körperlicher Konstitution hielten die Delinquenten kürzer oder länger durch, oft waren es viele Tage. Am Ende stand der Kreislaufkollaps. Eine Zeit lang konnten sie sich auf dem „Sitzbänkchen" genannten kleinen Balken, den man gewöhnlich in der Mitte des Längsbalkens anbrachte, noch abstützen, aber irgendwann ließ die Kraft nach, die Brust hing durch, der Blutkreislauf und das Atmungssystem kamen zum Erliegen – Erstickungstod. So oder so ähnlich könnte es bei Jesus gewesen sein. Bei vielen Tausenden im Römerreich war es so.

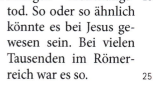

© Peter Schimmel, München

Ein Christuslied der Urgemeinde
Philipper 2,6–11

Dieser Abschnitt stammt aus dem Brief des Apostels Paulus an die Gemeinde von Philippi, den er um das Jahr 55 n. Chr. aus dem Gefängnis in Ephesus geschrieben hat.

Der Abschnitt Phil 2,6–11 ist im Ganzen wahrscheinlich nicht
5 von Paulus selbst verfasst. Im Vers 5 gibt Paulus eine Einleitung; was dann folgt, ist wohl ein Hymnus, ein Lied, das im Gottesdienst gesungen wurde und das aus sechs Strophen besteht. Die unterschiedliche Länge im unten stehenden Text erklärt sich (bis auf die dritte Strophe, wo Paulus das Kreuz Christi eingefügt hat) aus der
10 deutschen Übersetzung. Der allerletzte Satz fällt aus der Ordnung etwas heraus und ist eine Schlussformel, die Paulus wie ein „Amen" an den Text angehängt hat.

Paulus schreibt für die Gemeinde in Philippi dieses Christuslied auf, das sie vielleicht schon kennt, um sie daran zu erinnern, wie
15 Christen denken und handeln sollen.

Habt im Umgang miteinander stets vor Augen, was für einen Maßstab Jesus Christus gesetzt hat:

A Er war in allem Gott gleich, und doch hielt er nicht mit aller Macht daran fest, so wie Gott zu sein.

E Vor Jesus müssen alle auf die Knie fallen – alle, die Mächte des Himmels, die auf der Erde und die unter der Erde. Alle müssen sie feierlich bekennen: „Herr ist Jesus Christus!" Und so wird Gott, der Vater, geehrt.

B Er gab alle seine Vorrechte auf und wurde einem Sklaven gleich. Er wurde ein Mensch in dieser Welt und teilte das Leben der Menschen.

D Darum hat Gott ihn auch erhöht und ihm den Rang und Namen verliehen, der ihn hoch über alle stellt.

C Im Gehorsam gegen Gott erniedrigte er sich so tief, dass er sogar den Tod auf sich nahm, (Ja, den Verbrechertod am Kreuz.)

Man braucht schon ein zweites Augenpaar ...

T3

Untersucht man die Kreuzigung Jesu mit den Mitteln der historischen Wissenschaft, so verliert dieses Ereignis sofort seine Einmaligkeit. Jesus von Nazareth war ein Opfer der römischen Besatzungspolitik in Palästina, wie es sie zu Tausenden gegeben hat. So betrachtet hat sein Tod für niemanden besondere Bedeutung.

Christen betrachten dieses Geschehen aber mit ganz anderen Voraussetzungen, sozusagen mit einem zweiten Augenpaar, das den Hintergrund dieses Todes sichtbar werden lässt. Die Kreuzigung findet einerseits auf der Bühne realer historischer Ereignisse statt, aber zugleich noch auf einer anderen virtuellen Bühne, auf der Gott einer der Akteure ist.

Für den Glauben ist Jesus kein beliebiger jüdischer Wanderprediger, sondern der **Sohn Gottes** von Anfang an. Sein Tod ist kein zufälliges geschichtliches Ereignis, sondern die zwangsläufige Folge seiner Sendung durch Gott. Die Kreuzigung ist die Antwort der Menschen. Die Antwort Gottes ist die **Auferweckung** und Erhöhung des Sohnes.

Dies alles ist auf der Ebene der historischen Fakten grundsätzlich nicht zu erkennen, wie genau und zahlreich die geschichtlichen Quellen auch sein mögen.

Gnadenstuhl, 15. Jahrhundert

Problemdruck vom Kreuz her

von Otto Hermann Pesch

Für die ersten Christen war die Auferweckung Jesu kein religiöses Problem. Auch für ihre jüdischen Zeitgenossen galt, dass viele mit der eigenen Auferweckung rechneten und auf sie hofften. Die Behauptung, Jesus sei auferstanden, wurde nicht von allen geglaubt, aber
5 der Kern dieser Botschaft wurde von allen verstanden.

Ganz anders ist es mit dem Kreuz. Wenn Jesus der Messias Gottes war und auferweckt wurde, bleibt völlig unverständlich, warum sein Leben in der öffentlichen Katastrophe am Kreuz geendet hat. Ja, dieses Ende in Gottverlassenheit wirft einen tiefen Schatten auf die
10 Behauptung von seiner Auferweckung. Wenn nicht erklärt werden kann, warum Jesus so sterben musste, ist seine Auferweckung nicht glaubwürdig und die Behauptung eine Gotteslästerung.

Den ersten Christen musste es also nicht wie uns heutigen darum gehen, die Auferweckung Jesu in ihr Weltbild einzupassen, der Pro-
15 blemdruck ging für sie vom Kreuz aus.

Warum musste Jesus sterben?

von Otto Hermann Pesch

Irgendein geheimnisvolles „Muss" von Gott her ist anzunehmen, wenn nicht alles unverständlich bleiben soll – dachten die ersten Christen. „Musste nicht der Messias dies alles erleiden, um so in seine Herrlichkeit zu gelangen?", sagt der auferstandene Jesus den
5 beiden Jüngern auf dem Weg nach Emmaus (Lk 24,26). In diesem Wort hören wir das Echo der Empfindungen und Gedanken der ersten Christen. Mehr wussten sie zunächst nicht zu sagen. Aber dann beginnen sie nach Erklärungen zu suchen. Am Ende steht die Glaubensüberzeugung: Hinter dem Kreuzestod Jesu steht eine
10 Absicht Gottes zum Heil der Menschen. Die Wege solcher Erklärungen sind sehr vielfältig.

Die ersten Christen waren Juden. So suchen sie Antwort in der Bibel Israels, in den Büchern, die die Christen das Alte, das Erste Testament nennen. Nun, im Buch des Propheten Jesaja gibt es die
15 rätselhafte Figur eines leidenden „Gottesknechtes" (Jes 53,1–12). Der Prophet beschreibt dessen Leidensweg in geradezu frappierender Ähnlichkeit mit dem Todesweg Jesu.

Oder: Jesus ist im Schatten des Osterfestes gestorben. Soll man seinen Tod nicht verstehen dürfen als die Schlachtung des neuen Osterlammes, das für die Sklaven der Sünde Befreiung bringt wie einst das alte Osterlamm für die Sklaven des Pharao (1 Kor 5,7)?

Oder: Ist Jesu Tod nicht ein für allemal an die Stelle der alten Sühnopfer getreten? Ist nicht er jetzt der Hohepriester und das Opfer zugleich, dessen eigenes Blut alle weiteren Blutopfer überflüssig macht (Heb 9,1-10,18)?

Oder: Ist der gekreuzigte Christus nicht an die Stelle des alten „Sündenbocks" getreten, dem die Sünden des Volkes aufgeladen wurden und der dann in die Wüste getrieben wurde (Lev 16,20–22; vgl. Röm 3,25)?

Oder, für uns bei jedem Abendmahl zu hören: Ist nicht Jesu Blut, das er sterbend vergoss, die Besiegelung des Neuen Bundes, „zur Vergebung der Sünden", wie einst das Blut des Opfertieres den Bund besiegelte, den Gott mit seinem Volke schloss?

Ich denke, wir können begreifen, dass Judenchristen sich auf diese Weise klarmachen konnten, was Gott mit dem Tod Jesu im Sinn hatte – und auch, wie dadurch ihre Sünde getilgt wurde. Aber bald waren auch Nicht-Juden, Heiden unter den Neubekehrten, die keine Erinnerungen an die Bibel und den Gottesdienst Israels mitbrachten. Man konnte mit ihnen nicht so argumentieren, wie beschrieben.

Und prompt sucht der Apostel Paulus nach neuen Möglichkeiten des Verstehens. Wenn Juden sich nicht in der Lage sahen, sich zu Jesus zu bekehren, dann nicht zuletzt deshalb, weil das Kreuz für sie ein Ärgernis sein musste. Wie denn auch! Der schändliche Tod eines Volksverführers sollte ihren heiligen Tempelgottesdienst beenden? Für kultivierte Heiden aber war ein gekreuzigter Erlöser der reine Unsinn. Aber, argumentiert Paulus, sollte es nicht gerade so gemeint sein? Gott handelt an den Menschen eben nicht, wie Menschen sich das ausdenken, sondern verborgen unter dem Gegenteil davon. Gottes Weisheit ist unter der Torheit des Kreuzes am Werk, Gottes Kraft unter seiner Ohnmacht (1.Kor1,20–25). Jahrhunderte später wird Martin Luther diesen Gedanken in das Zentrum seiner Kreuzes-Theologie stellen in seiner Lehre von der „Verborgenheit Gottes unter dem Gegensatz".

Auf jeden Fall: Das Kreuz war kein tragisches Versehen. Genauso wollte es Gott in seinem „Plan" zur Erlösung der Welt.

Otto Hermann Pesch (geb. 1931), katholischer Theologe.

Die Kreuzestheologie Martin Luthers

von Heinrich Bornkamm

Luther grenzt in dieser Disputation seine Theologie gegen ein Denken ab, wie es damals verbreitet war und noch heute ist. Wenn man Gott in Gedanken fassen will, schließt man vom Sichtbaren auf das Unsichtbare: Von der Ordnung und Schönheit des Kosmos auf
5 den, der sie geschaffen hat, von dem großen Geschehen in der Geschichte und im Menschenleben auf die geistige Macht, die dahinter steht. Es ist eine einfache logische Gedankenfolge, mit der man zu Gott kommt. Aber kommt man damit wirklich zu Gott?

Luther nennt diese unerlaubte Vereinfachung, die Gott durch
10 einen einfachen Schluss mit Händen zu greifen meint, **theologia gloriae**. Sie will Gottes Herrlichkeit in ihren sichtbaren Spuren direkt schauen. Aber damit betrügt sie sich, denn dann muss sie die Augen gegen sehr vieles verschließen, was zu dieser göttlichen Glorie nicht passt, vor Leid und Elend. Gott auch darin zu sehen,
15 das ist die Kunst der **Kreuzestheologie**.

Die Theologie des Kreuzes ist keine ausgedachte Theologie. Wir würden uns nach unseren Vorstellungen vom Wesen des Göttlichen einen ganz anderen Gott ausdenken: einen großen, starken, siegenden, unbezweifelbar liebenden, einen kunstvollen Weltbau-
20 meister. Aber nicht einen Gott, der seinen Boten, den er der Welt zur Rettung sendet, elend scheitern, unschuldig leiden und sterben lässt. Es ist eine Theologie, die man nur an einem tatsächlichen Geschehen ablesen oder besser: ab-glauben kann, an der Passion und am Kreuz Christi.
25 Wenn Gottes Liebe im Kreuz Christi verborgen ist, dann ist sie es auch in unserem Kreuz.

XIX. Der ist nicht wert, ein Theologe zu heißen, der Gottes „unsichtbares Wesen durch das Geschaffene erkennt und erblickt" (Röm 1,20).

XX. Sondern nur der, der Gottes sichtbares und zugewandtes Wesen durch Leiden und Kreuz erblickt und erkennt.

Heidelberger Disputation (1518)

 „Gelingendes Leben", S. 156

Heinrich Bornkamm (1901–1977), deutscher evangelischer Theologe und Lutherforscher.

Das neue Opfer Jesu

von Gerd Theißen und Annette Merz

„Abendmahl", S. 129

Jesus hatte sein letztes Gemeinschaftsmahl mit den Jüngern als symbolische Gründung eines „neuen Bundes" gestaltet. Nach seinem Tod deuteten seine Jünger sein Sterben als **„Opfer"**, das diesen Bund besiegelt hat. Nicht sie hatten dies „Opfer" dargebracht. Vielmehr hatten ihnen die Ostererscheinungen die Gewissheit gegeben, dass GOTT im Sterben Jesu gehandelt hatte. Allein Gott hatte ein Opfer gebracht, ihnen zugute, obwohl sie alle versagt hatten.

Damit wurde eine revolutionäre Veränderung des Opferdenkens eingeleitet. Gewöhnlich dienten „Sühneopfer" dazu, eine erzürnte Gottheit zu beschwichtigen oder eine verletzte Ordnung wiederherzustellen. Der opfernde Mensch bittet durch Opfer die Gottheit um Versöhnung. Das gilt auch dann, wenn der Opferkult als Institution Gottes gilt, die er den Menschen geschenkt hat, um **Sünden** zu vergeben. Die neue Sicht umfasst zwei Gedanken:

Bei diesem neuen Opfer wirkt *nicht der Mensch* auf Gott ein, damit er von seinem Zorn lasse; vielmehr *handelt Gott,* damit der Mensch von seiner Feindseligkeit gegen Gott und seinen Nächsten ablässt. Nicht Gott, sondern der Mensch soll durch dies Opfer verwandelt werden, nicht Gott, sondern der Mensch soll seinen Zorn, seine asozialen und aggressiven Impulse überwinden.

Dies Opfer wirkt *nicht durch den Tod,* sondern durch Überwindung des Todes. Bei den traditionellen Tieropfern wird das einzelne Tier getötet, das Leben aber symbolisch bewahrt – indem das Blut des Tieres, als Sitz des Lebens, Gott zurückgegeben wird. Das einzelne Tier aber stirbt zur Erhaltung des Lebens als Ganzem. Das neue Opfer Jesu jedoch wurde nicht durch den Tod, sondern *durch die* **Auferstehung** wirksam. Gott gab Leben dahin, um es aus dem Tode neu zu schaffen. Wäre Jesus im Tode geblieben, könnte man nicht von einem Opfer sprechen.

„Versöhnung", S. 125

Erst Paulus hat dies neue Opferdenken begrifflich erfasst. Heil wird nicht durch „Beschwichtigung" eines erzürnten Gottes, sondern durch Überwindung menschlicher Feindschaft geschaffen (Röm 5,6-11). Heil wird nicht durch Tötung, sondern durch **Auferweckung** bewirkt (Röm 4,25). Heil beginnt nicht mit der Bitte des Menschen um Versöhnung, sondern mit der Bitte Gottes: „Lasst euch versöhnen mit Gott!" (2 Kor 5,20).

Gerd Theißen (geb. 1943), deutscher evangelischer Theologe.

Annette Merz, deutsche evangelische Theologin.

Das Kreuz als Gotteslästerung?

„Bei uns in der orthodoxen Kirche steht die Kreuzestheologie nicht im Vordergrund. Das wichtigste Fest ist der Ostersonntag, nicht der Karfreitag und die Osterikone ist wichtiger als das Kreuz. Gottes Sieg über den Tod – das ist es, woran wir glauben. Man darf doch nicht beim Kreuz stehen bleiben."

T8

* * *

„Das Kreuz ist ein Symbol für den Schmerz, das Leiden und den Tod. Alles das gehört zum menschlichen Leben, aber es so in den Mittelpunkt zu stellen, kommt mir barbarisch und körperfeindlich vor. Wir sollten gegenüber der Schöpfung und dem Geschenk des Lebens nicht so undankbar sein."

* * *

„Judentum und Islam lehnen die Kreuzigung als Heilsereignis ab. Der Koran behauptet sogar, Gott hätte sie nie zugelassen. Für Juden und Muslime ist die christliche Verehrung des Kreuzes eine Gotteslästerung und das Kreuz in den Kirchen ein Rückfall in die Idolatrie."

„Bildnisverbot", S. 87

© Mester

Leiden am Kreuz – Siegen am Kreuz

T9

Es war ein wunderlich Krieg,
da Tod und Leben 'rungen;
das Leben behielt den Sieg,
es hat den Tod verschlungen.
Die Schrift hat verkündet das,
wie ein Tod den andern fraß,
ein Spott aus dem Tod ist worden.
Halleluja

Hans Haldner, Pfarrei St. Quirinus,
Tegernsee, um 1440

T10

O Haupt voll Blut und Wunden,
voll Schmerz und voller Hohn,
o Haupt, zum Spott gebunden,
mit einer Dornenkron,
o Haupt sonst schön gezieret
mit höchster Ehr und Zier,
jetzt aber hoch schimpfieret:
gegrüßet seist du mir!

Reliquienkreuz, Rhein-Maas-Gebiet,
um 1230/50

Am dritten Tage auferstanden

Fra Angelico, Auferstehung Christi und Frauen am Grab, 1440/41

Und als der Sabbat vergangen war, kauften Maria von Magdala und Maria, die Mutter des Jakobus, und Salome wohlriechende Öle, um hinzugehen und ihn zu salben. Und sie kamen zum Grab am ersten Tag der Woche, sehr früh, als die Sonne aufging.

> Und sie sprachen untereinander: Wer wälzt uns den Stein von des Grabes Tür? Und sie sahen hin und wurden gewahr, dass der Stein weggewälzt war; denn er war sehr groß. Und sie gingen hinein in das Grab und sahen einen Jüngling zur rechten Hand sitzen, der hatte ein langes weißes Gewand an, und sie entsetzten sich. Er aber sprach zu ihnen: Entsetzt euch nicht! Ihr sucht Jesus von Nazareth, den Gekreuzigten. Er ist auferstanden, er ist nicht hier. Siehe da die Stätte, wo sie ihn hinlegten.

Geht aber hin und sagt seinen Jüngern und Petrus, dass er vor euch hingehen wird nach Galiläa; dort werdet ihr ihn sehen, wie er euch gesagt hat. Und sie gingen hinaus und flohen von dem Grab; denn Zittern und Entsetzen hatte sie ergriffen. Und sie sagten niemandem etwas; denn sie fürchteten sich.

Markus 16,1–8

War das Grab leer?

Interview mit Hans Kessler

Frage: War das Grab Jesu leer, wie es die Evangelien berichten?
Kessler: Ich lasse die Frage offen. Wenn es leer war, dann sind verschiedene Gründe denkbar. Etwa, weil der Leichnam umgebettet wurde, weil man ihn gestohlen hat oder weil das Grab verwechselt wurde. Ein leeres Grab ist nicht von sich aus ein Beweis für die **Auferstehung**. Viele Theologen sagen: Die Jünger hätten unmöglich verkünden können, Jesus sei auferstanden, ohne ein leeres Grab zu zeigen. Aber das setzt ja voraus, dass damals die Meinung vorgeherrscht hat: Wenn jemand vom Tode auferweckt und bei Gott ist, muss sein materieller Körper das Grab verlassen haben. Diese Meinung gab es zwar, aber es gibt mindestens ebenso viele Zeugnisse, die annehmen, die Toten sind lebendig bei Gott und der Leichnam ruht im Grab. Jesus selbst sagt im Gespräch mit den Sadduzäern: Die gestorben sind, essen nicht und sie heiraten nicht; sie sind wie Engel im Himmel.
Frage: Was bedeutet dies für die Frage, ob das Grab leer war?
Kessler: Leibhaftige **Auferstehung** bedeutet nicht einfach Rückkehr in die irdischen Zusammenhänge, sondern den Übergang in eine ganz andere Seinsweise. Diese Dimension Gottes ist nicht einfach eine fünfte Dimension zu unseren vieren. Sondern sie liegt quer zu allen unseren Dimensionen, ist in allen präsent. Weil leibhaftige **Auferstehung** Übergang in diese ganz andere Dimension bedeutet, entzieht sie sich der sinnlichen Anschauung.
Frage: Eine im Grab aufgestellte Videokamera hätte nichts aufgenommen?
Kessler: Genau, denn dieser Übergang übersteigt gerade Raumzeitlichkeit, Sinnlichkeit, empirische und historische Nachprüfbarkeit. Deswegen ist der Auferstehungsvorgang kein historisch kontrollierbares Ereignis. Historisch zugänglich ist allein das, was die Jünger erfahren.

Hans Kessler (geb. 1938), katholischer Theologe.

Auferstanden in die Botschaft?

Einer der wichtigen Theologen des 20. Jahrhunderts, Rudolf Bultmann, ist dafür eingetreten, auf den mythischen Wunderglauben ganz zu verzichten und stattdessen davon zu sprechen, dass Jesus Christus „ins Kerygma", in die christliche Botschaft, auferstanden ist. Er wollte damit deutlich machen, dass es bei der Auferstehung nicht um ein wunderhaftes Geschehen an der Person Jesu geht, das nicht mehr in unser Weltbild passt, sondern darum, ob seine Botschaft nach dem Tod am Kreuz weiter lebt und weiter wirkt. Er ist „auferstanden" in die Verkündigung von Gott als dem, dessen Macht – anders als die aller anderen Mächte – in seiner Bereitschaft zu wehrloser Liebe bis zum Tod begründet ist. Kreuz und Auferstehung bleiben auf diese Weise eng miteinander verbunden.

Wenn wir uns vor Augen führen, was dieser rätselhafte Satz „auferstanden von den Toten" sagt, dann gehört die Realität „Kreuz" dazu: Wer in der Liebe lebt, der wird mit Verachtung, Beschimpfung, Diskriminierung, ja mit dem Tod zu rechnen haben. Die Auferstehung ist längst schon vor dem Tod sichtbar, in dieser anderen Art zu leben. Jesus glaubte vor allem an ein Leben vor dem Tod, und für alle. Die Auferstehung, dieser Funke des Lebens, war schon in ihm. Wenn wir uns fragen, ob Jesus als klinisch Toter wiederbelebt worden ist, so ist das eine Spekulation für unsere wissenschaftliche Neugier. Um uns selber geht es dabei gar nicht. Das falsche Denken – Märchen oder Fakten – besetzt uns ganz von außen und hält uns von uns selber ab. Richtiger gestellt muss die Frage lauten: Ist Jesus tot oder lebt er noch? Bewirkt er noch etwas?

Dorothee Sölle

Gott hatte den Jesus am Kreuz nicht verlassen. Seither ist das Kreuz im österlichen Licht das Grundsymbol der Christenheit. Es besagt, selbst wenn du Gott nicht verstehst, dir von ihm verlassen vorkommst, er ist als der Liebende da. Was bringt das? Es bedeutet, dass die, die sich darauf verlassen können, weniger Angst um sich selbst haben müssen. Sie haben eine Hoffnung, die über den Tod hinausgeht. Sie haben den Kopf und die Hände freier für ihre Nächsten.

Horst Hirschler

Was versteht man unter Auferstehung?

In der traditionellen Osterikone der orthodoxen Kirche zieht der auferstandene Christus Adam und Eva aus ihren Gräbern. Alles, was sie in den Gräbern festhalten könnte, Türen, Beschläge und Schlösser lösen sich …

Auferstehungsikone

Jesus spricht:
Der Stellvertreter wird kommen. Es ist der Geist der Wahrheit, der vom Vater kommt.
Ich werde ihn zu euch senden, wenn ich beim Vater bin, und er wird als Zeuge für mich eintreten.

Johannes 15,26

Janet Brooks Gerloff, Unterwegs nach Emmaus, 1992

 Auferstehung, Erhöhung und Geistsendung des gekreuzigten Erlösers sind keine machtvollen Triumphe, sondern das Gegenteil: die bleibende Präsenz jener durchbohrten Liebe, die nichts erzwingt und gerade so stärker ist als der Tod.

Karl-Heinz Menke

Aufgaben

Abbildungen haben keine eigene Nummerierung; sie werden in die Zusammenhänge der Aufgaben zum Text (T1 ...) eingebettet.

Einstieg:
- Vergleichen Sie die Kreuzigungsdarstellungen auf S. 98 und S. 100; stellen Sie jeweils das Verfremdende heraus und erläutern Sie seine Wirkung. Entwerfen Sie zu jedem der Bilder eine theologische These.

T1
T2
- „So oder so ähnlich könnte es bei Jesus gewesen sein. Bei vielen Tausenden im Römerreich war es so." Setzen Sie diese historische Betrachtung in Bezug zum biblischen Text Phil 2 (T2) und vergleichen Sie die Wirklichkeitsebnen der beiden Texte.
- Interpretieren Sie die Karikatur auf S. 98 in diesem Zusammenhang.
- Vergleichen Sie T2 mit dem späteren Text des zweiten Artikels des Apostolischen Glaubensbekenntnisses (siehe S. 120). Bewerten Sie die gefundenen Veränderungen.

T3
- „Alle Darstellungen Jesu Christi, ob sie sich am Jesus von Nazareth oder am Christus-Bild der Kirche orientieren, kombinieren immer historische und mythische Elemente in charakteristischer Weise. Auf mythische Elemente kann kein Jesus-Bild verzichten oder es wird unkenntlich." – Untersuchen Sie diese Behauptung z.B. in Szenen aus Jesus-Filmen, auf Kreuzigungsdarstellungen o.Ä.
- Erläutern und beurteilen Sie die Umsetzung von T3 in der Bildmontage. Untersuchen Sie, ob sich die verdoppelnde Betrachtungsweise auch auf die Bilder auf S. 98 und S. 106 anwenden lässt.

T4
T5
- Erläutern Sie das „Problem", das die ersten Christen mit dem Kreuz hatten, und stellen Sie die Antworten zusammen, die sie dafür gefunden haben.
- Entwickeln Sie in ähnlicher Weise eine moderne Deutung des Kreuzes unter Beibehaltung seiner „Notwendigkeit".

T6
- Kontrastieren Sie Luthers Begriffe „theologia gloriae" und „theologia crucis" und beziehen Sie verschiedene Gottesdarstellungen mit ein. (evtl auch S. 106).
- Bringen Sie die beiden Positionen zum Kreuz miteinander ins Streitgespräch und arbeiten Sie heraus, welche Stärken und Schwächen sie haben. Klären Sie, von welchen Lebenserfahrungen die Kontrahenten geprägt sein könnten und welche sie eher ausblenden müssten.

T7
- Entfalten Sie ein Wortfeld „Opfer"; ordnen Sie Ihre Beispiele nach gemeinsamen Merkmalen. Prüfen Sie, aus welchem der so gefundenen Kontexte die Vorstellung vom Opfertod Jesu dann abzuleiten wäre. Prüfen Sie an T4, wie es zu solchen Vorstellungen gekommen ist.

T8
- Führen Sie eine Umfrage durch: „Welche Gefühle löst bei Ihnen das Wort „Kreuz" oder der Anblick eines Kruzifix aus? Werten Sie die Ergebnisse aus.
- Setzen Sie Ihre Umfrageergebnisse in Beziehung zu T8.
- Interpretieren Sie in diesem Zusammenhang auch die Karikatur.

T9
T10
- Nehmen Sie eine begründete Zuordnung der Bilder zu den Texten vor.
- Entfalten Sie Glaubenserfahrungen, die sich in den Bildern / Texten verdichtet haben.
- Nehmen Sie Stellung zu der Frage, ob Kruzifixe in öffentlichen Gebäuden ihren Platz haben sollten.
- Entwerfen Sie eine Idee / eine Skizze für eine moderne Kreuzesdarstellung.

T11
- Interpretieren Sie die Ostererzählung des Markus nach eigenen Kriterien; legen Sie vorher Ihre Methode fest, z.B. psychologisch, biografisch, historisch-kritisch. Prüfen Sie, welchen Interpretationsansatz das Bild verfolgt.

T12 – Ordnen Sie folgende Aussagen über Jesus einer der beiden Überschriften zu: „historische Fakten" bzw. „Glaubenswahrheiten"; begründen Sie Ihre Wahl: Geburt im Stall, Lehre in Gleichnissen, Kindersegnung, Krankenheilungen, Wandeln auf dem See, Taufe im Jordan, leeres Grab, Verhaftung in Gethsemane, Kreuzigung, letzte Worte am Kreuz, leeres Grab, Auferstehung.

– Recherchieren und ordnen Sie (Referatthema): Welche religionsgeschichtlichen Vorstellungen verbinden sich mit den Begriffen „Auferstehung / Leben nach dem Tod" und aus welchen Religionen oder Weltanschauungen stammen sie?

T13 – „Die Auferstehung ist die Überwindung des Kreuzes als vorübergehender Krise." – Nehmen Sie mit Hilfe der drei Texte zur
T14 Problematik dieser These Stellung und erläutern Sie das Gottesbild, das jeweils entsteht.

T15 – Informieren Sie sich über Rudolf Bultmanns Programm der „Entmythologisierung" (Referatthema); bewerten Sie seine Chancen und Risiken.

T16 – Untersuchen Sie (auf dem Hintergrund von Lk 24,13–35), wie das untere Bild die Vorstellung vom Auferstandenen als Wegbegleiter umsetzt. Erläutern Sie die Christusbilder, die sich auf dieser Seite zeigen, und untersuchen Sie, auf welche religiösen Bedürfnisse sie antworten.

Kompetenzen

Ich kann

- erklären, wie im Christushymnus (Phil 2,6-11) das historische Faktum der Kreuzigung durch ein theologisches Schema für den Glauben gedeutet wird

- zwischen dem historischen Jesus von Nazareth und dem Christus des Glaubens unterscheiden

- Ausdrucksformen der Heilsbedeutung des Kreuzes an Texten und Bildern unterscheiden und auf je eigene Glaubenserfahrungen zurückführen

- die Relevanz des leeren Grabes für den Auferstehungsglauben kritisch beurteilen

- theologische Gründe dafür nennen, dass Kreuz und **Auferstehung** untrennbar zusammengehören

- meine eigene Position zum Auferstehungsglauben darlegen und diskutieren

9 Der Sohn Gottes im Himmel

> ... am dritten Tage auferstanden von den Toten,
> aufgefahren in den Himmel;
> er sitzt zur Rechten Gottes, des allmächtigen Vaters;
> von dort wird er kommen,
> zu richten die Lebenden und die Toten.

Christus als Lehrer   Sitzender Buddha, 13. Jahrhundert

> Er ist der Erhabene, der Heilige,
> der Vollkommen-Erleuchtete,
> vollendet in Wissen und Wandel,
> glücklich, ein Welt-Erkenner;
> der unübertreffliche Menschen-Erzieher,
> ein Lehrer für Götter und Menschen,
> der erhabene Buddha.

„Sohn" – ein antiker Ehrentitel

Als „Sohn" angesprochen zu werden, bedeutete im alten Orient mehr als nur den Hinweis auf die Abstammung ...

Im Alten Testament ist mit dem Sohn Gottes oft das Volk Israel gemeint. Auch der von Gott erwählte Herrscher wird als Sohn Gottes betrachtet. Die Adoption des Königs durch Gott, stellvertretend vorgenommen durch den Priester mit der Formel des Psalms 2: „Du bist mein Sohn, heute habe ich dich gezeugt!" entspricht dem antiken Denken. Die Gottessohnschaft durch wunderbare Zeugung oder durch den Rechtsakt der Adoption verschafft dem König erst die notwendige Legitimation zur Herrschaft.

Als zur Zeit Jesu die Dynastie Davids längst vergangen war, blieb im Volk Israel der Glaube lebendig, Gott werde in der Endzeit durch einen Nachkommen das Reich Davids herrlicher als zuvor wiederherstellen.

In der hellenistisch-römischen Welt waren Göttersöhne besonders begabte, herausragende Männer, die ihre Mitmenschen durch „Wunder" beeindruckten. Berühmte Ärzte und Künstler nannte man „Söhne Gottes". Im römischen Reich spielte der Kaiserkult eine große Rolle; dort wurden die Herrscher als „Gott aus Gott", als „divi filius" (Gottes Sohn) verehrt.

Die ersten Christen knüpften an diese Traditionen an, wenn sie – wie Paulus – Jesus als den Sohn Gottes bezeichneten: „Das Evangelium Gottes ... von seinem Sohn Jesus Christus, unserm Herrn, der geboren ist aus dem Geschlecht Davids – nach dem Fleisch, und nach dem Geist, der heiligt, eingesetzt ist als Sohn Gottes in Kraft – durch die Auferstehung von den Toten". *(Röm 1,3–4)*

Im Markusevangelium gilt Jesus nicht erst seit seiner Auferstehung als Gottes Sohn, sondern bereits vom Beginn seines öffentlichen Wirkens an. In der Taufe durch Johannes hört Jesus die Stimme aus dem Himmel die Psalmworte sagen: „Du bist mein geliebter Sohn ..." *(Mk 1,10f.)*. Gott hat ihn als Sohn eingesetzt und in die Welt gesandt. Seine Wunder lassen es erahnen, aber den meisten Menschen bleibt seine besondere Nähe zu Gott zunächst verborgen.

Erst in der Stunde tiefster Erniedrigung am Kreuz erkennt zum ersten Mal ein Mensch in aller Klarheit: „Wahrhaftig, dieser Mensch war Gottes Sohn!" *(Mk 15,39)*. Markus löst die Spannung um die Frage: „Wer ist dieser Jesus?" erst hier unter dem Kreuz auf, damit klar wird, dass es um einen „Sohn" geht, der nicht – wie erhofft – im Triumph das Volk Israel befreit. Der römische Hauptmann ist es, der entdeckt, dass dieser unschuldig Leidende Gottes Geschenk an die ganze Menschheit ist.

Das christologische Dogma

In den Schriften des Neuen Testaments ist die Suche nach einem neuen Ausdruck für den Gottesglauben erkennbar, der die besondere Erfahrung berücksichtigt, dass Gott in Jesus Christus gehandelt hat. Die Verkündigung Jesu von der Gnade und Nähe Gottes bildet dazu zwar
5 die Basis. Jedoch bewirken die Verstörung über sein Ende und die Ostererlebnisse, dass in ganz neuer Weise über die Bedeutung dieses Menschen für den Glauben an Gott nachgedacht wird. Von einem Glauben an Gott – wie Jesus selbst geglaubt hat – führt der Weg zu einem Glauben an Jesus Christus, den Gott gesandt hat.

10 Die ersten Versuche in dieser Richtung finden sich im Bild der Sendung Jesu durch Gott: Sein Leben ist der Weg des Erlösers in die Erniedrigung zu den Menschen, den er klaglos und konsequent bis zum Ende am Kreuz geht. Seine **Auferweckung** und Erhöhung führt ihn zurück zu Gott. Die Kreuzigung selbst, so betont Paulus, ist die Erlösungstat,
15 die zur Versöhnung von Gott und Mensch geschieht.

Jesus Christus erscheint in diesem Zusammenhang also nicht als Prophet, der eine Botschaft, eine Lehre oder ein **Gesetz** zu vermitteln hat. Seine Botschaft liegt in ihm selbst, seinem Schicksal, dem Handeln Gottes an ihm. Er bringt nicht das Wort Gottes, er ist das Wort Gottes.

20 Aus dieser Erkenntnis folgt notwendig der Gedanke, in ihm – einem Menschen – Gott selbst zu erkennen, d. h. theologisch von der „Gottheit" Jesu Christi zu sprechen. Damit ist nicht gemeint, dass Jesus sich wie ein Gott – inkognito – auf der Erde
25 bewegt, sondern dass sich in seinem durchaus menschlich-irdischen Leben etwas vollzieht, das Gottes Willen erkennbar werden lässt: Jesus Christus ist das Wort Gottes.

In der späteren Diskussion der Kirche hatte man
30 das Problem zu lösen, wie Jesu Mensch-Sein, seine menschliche Natur, mit der Eigenschaft, „Wort Gottes" zu sein, also seiner göttlichen Natur, zusammengehen kann. In der **Zwei-Naturen-Lehre** bekennt sich das Konzil von Chalcedon (451 n. Chr.)
35 zum „*einen* und selben Christus, Eingeborenen Sohn – in zwei Naturen unvermischt, unverwandelt, ungetrennt, ungesondert".

Diese Formel bringt zum Ausdruck, dass Jesus im vollen Sinne des Wortes „Mensch" gewesen ist,
40 dass aber sein Leben nur richtig verstanden wird, wenn man es als Sendung Gottes ansieht.

DER SPIEGEL, Ausgabe 21/99

Der Prophet Isa im Koran

T3

Glaubt an Allah und seinen Gesandten (Jesus)
und sagt nicht: Drei! / Lasst ab davon,
es ist besser für euch. Allah ist nur ein Gott!
(Sure 4,169)

Es ist unmöglich, dass Allah einen Sohn hat! *(Sure 19,36)*

Und wenn Allah sprechen wird: ‚O Jesus, Sohn der Maria,
hast du zu den Menschen gesprochen:
Nehmt mich und meine Mutter als zwei Götter neben Allah an?'
Dann wird er sagen: Preis sei Dir! Es steht mir nicht zu,
etwas zu sprechen, was nicht wahr ist. *(Sure 5,116)*

Jesus der Jude

T4

Jesus ist für mich der ewige Bruder, nicht nur der Menschenbruder,
sondern mein jüdischer Bruder. Es ist nicht die Hand des Messias,
diese mit den Wundmalen gezeichnete Hand. Es ist bestimmt
keine göttliche, sondern eine menschliche Hand, in deren Linien
das tiefste Leid eingegraben ist.

Das unterscheidet mich, den Juden, vom Christen,
und doch ist es dieselbe Hand, von der wir uns angerührt wissen.
Es ist die Hand eines großen Glaubenszeugen in Israel.
Sein Glaube, sein bedingungsloser Glaube, das schlechthinnige
Vertrauen auf Gott, den Vater, seine Bereitschaft, sich ganz unter
den Willen Gottes zu demütigen, das ist die Haltung,
die uns in Jesus vorgelebt wird und die uns – Juden und Christen –
verbinden kann: Der Glaube Jesu einigt uns, aber der
Glaube an Jesus trennt uns.

Schalom Ben Chorin, jüdischer Philosoph

Der „Sohn Gottes" im Religionsgespräch

T5

Jesus war Mensch und er hat im Wesentlichen dasselbe verkündet wie die anderen Propheten und Gottesmänner auch. Er selbst hätte sich nie als Gottessohn bezeichnet, denn er war ein frommer Jude. Die christliche Lehre von der Nächstenliebe unterscheidet sich nicht
5 von dem, was andere Religionen für richtig halten. Jesus war ein mutiger Mensch, der für seinen Glauben zum Märtyrer wurde und für die Christen ein wichtiges Vorbild ist.

Sein Tod kann aber anderen Menschen nicht helfen, jeder muss sein Leben selbst verantworten. Es ist nicht nötig, ihn zum „Sohn Gottes"
10 zu erklären. Für moderne Menschen ist diese Vorstellung eher unverständlich. Der Frieden zwischen den Religionen könnte gefördert werden, wenn die Christen von ihrem Anspruch ablassen würden, durch Jesus als dem Sohn Gottes direkten Zugang zu Gott zu haben.

T6

Bei dieser Frage geht es nur vordergründig um den richtigen Titel für Jesus. Der Streitpunkt ist vielmehr das Verständnis von Gott selbst: Ist er allmächtig, erhaben und ein unerbittlicher Richter – dann hat er keinen Sohn und bleibt den Menschen gegenüber immer auf Distanz.
5 Liebt er dagegen die Menschen und verzichtet auf seine Macht, weil er die Menschen nicht richten, sondern in ihren Herzen gewinnen will – dann kann man ihn als Jesus Christus am Kreuz erkennen.

Oder umgekehrt: Müssen die Menschen sich auf den Weg zu Gott machen, durch gute Taten, Selbstüberwindung und Hingabe, dann ist
10 das Wesentliche am Glauben das Gebot. Macht Gott sich dagegen in Jesus Christus selber auf, um die Menschen zu suchen und zu erlösen, dann ist nur das Vertrauen auf den Sohn Gottes hilfreich und rettend.

Das trinitarische Dogma

Der Sohn-Gottes-Titel enthält auch heute eine zentrale Aussage des christlichen Glaubens. Jesus Christus als „Gottes Sohn" zu bekennen, markiert eine scharfe Unterscheidung zur bloßen Anerkennung Jesu als bedeutender historischer Persönlichkeit, wie sie in anderen Religionen und im allgemeinen gesellschaftlichen Rahmen durchaus üblich ist.

Andrej Rubljew, Dreifaltigkeit, 15. Jahrhundert

Der Glaube an Christus richtet sich an eine lebendige Person, die im Gebet angerufen wird, die vergibt, heilt und rettet und die als ein ständiger Begleiter auf dem persönlichen Lebensweg erfahren wird. So ist es der „Sohn Gottes", nicht nur der Mensch Jesus, an den man sich im Gottesdienst wendet und dessen Gegenwart im Abendmahl als befreiend und erlösend gefeiert wird.

Die zentrale Rolle, die Jesus Christus im christlich geprägten Gottesglauben eingeräumt wird, bleibt nicht ohne Folgen für die Gottesvorstellung selbst. Die ersten Theologen, die den Glauben der ersten Christen zu formulieren und gegen heidnische Angriffe zu verteidigen suchen, sprechen zunächst von Jesus ganz unbefangen als von dem „zweiten Gott", so z.B. Justin († ca. 165 n. Chr.).

In einer polytheistisch geprägten Umwelt musste das aber zu Missverständnissen führen. Im Gegenzug wurde nun betont, dass es nur einen Gott gebe und Jesus zwar sein Gesandter, aber nicht selbst Gott zu nennen sei, so z.B. Arius († 336 n. Chr.). Das machte aber aus Jesus wieder einen Propheten.

Eine Versammlung der wichtigsten Bischöfe und Lehrer der Kirche wurde nötig, um die verschiedenen Lehren – soweit möglich – miteinander zu vereinbaren. Kaiser Konstantin berief das Konzil 325 nach Nicäa (nahe seiner Hauptstadt Konstantinopel) ein und dort wurde folgende, für alle Christen verbindliche Lehre beschlossen:

Von Jesus, dem Sohn Gottes, muss gesagt werden, dass er nicht wie alle anderen Geschöpfe von Gott erschaffen wurde, sondern dass er von Gott gezeugt ist (Inkarnation = „Fleischwerdung" bzw. Menschwerdung Gottes). Damit wird seine besondere Nähe zu ihm im Bild der Familien-Abstammung festgehalten, was auch dem Sohn-Gottes-Titel entspricht.

In einem weiteren Konzil in Konstantinopel (381) präzisierten die Theologen diese Lehre so: Der Gott, der sich in Jesus Christus gezeigt hat, besteht in drei unterschiedlichen Personen, die aber von ein- und demselben Wesen sind: Vater, Sohn und Heiliger Geist.

Bis zum heutigen Tag werden die beiden Grunddogmen der alten Kirche, die Zwei-Naturen-Lehre und die Lehre von den drei Personen Gottes, als der Prüfstein angesehen, ob sich eine Gemeinde zur Christenheit zählen kann oder nicht.

Trinität – Ein Beziehungswesen

Austausch und Kommunikation in Gott selbst vorauszusetzen ist wichtig, wenn man z.B. behauptet, Gott sei die Liebe. Sinnvoll ist eine solche Behauptung nur, wenn Gott von sich aus zur Liebe, zur Kommunikation und damit zur Respektierung von Anders-Sein in der Lage ist. Bei einem ganz und gar einheitlichen Gottesbild ist das schwer vorstellbar. Wer sich selbst genug ist, liebt nicht. Ein Gott, der einheitlich alles in allem ist, bleibt immer allein, auch wenn er Menschen erschafft.

Umgekehrt kann man sagen, wenn Gott uns kennt, auf uns Menschen zugeht und uns bewahren und retten will, bleibt das für ihn nicht ohne Folgen. Wer liebt, gerät in Konflikte. Kann Gott noch absolut gerecht sein, wenn er sich auf Menschen und ihre Motive einlässt? Wird er nicht in einen inneren Konflikt geraten, in dem seine Liebe auf Gnade und Schonung, seine Gerechtigkeit auf Strafe und Ordnung ausgerichtet ist? Und wird in diesem Konflikt dann nicht vielleicht seine Weisheit vermitteln, die einen Weg sucht, die geliebten Wesen zur Einsicht und Besserung zu führen? Liebe setzt Kommunikation zwischen Partnern voraus.

Die Trinitätslehre schafft eine Vorstellung von Gott, die nicht von einem monolithischen, in sich geschlossenen, allmächtigen Wesen ausgeht, sondern davon, dass schon in Gott selbst Unterschiede, Austausch und Kommunikation eine Rolle spielen.

Das Apostolische Glaubensbekenntnis

Auge Gottes am Chorgitter der Peterskirche im Kloster Marienberg, 18. Jahrhundert

Ich glaube an Gott, den Vater, den Allmächtigen,
den Schöpfer des Himmels und der Erde.
Und an Jesus Christus, seinen eingeborenen Sohn, unsern Herrn,
empfangen durch den Heiligen Geist,
geboren von der Jungfrau Maria,
gelitten unter Pontius Pilatus, gekreuzigt, gestorben und begraben,
hinabgestiegen in das Reich des Todes,
am dritten Tage auferstanden von den Toten,
aufgefahren in den Himmel;
er sitzt zur Rechten Gottes, des allmächtigen Vaters;
von dort wird er kommen,
zu richten die Lebenden und die Toten.
Ich glaube an den Heiligen Geist,
die heilige christliche Kirche,
Gemeinschaft der Heiligen,
Vergebung der Sünden, Auferstehung der Toten
und das ewige Leben. Amen.

Aufgaben

Abbildungen haben keine eigene Nummerierung; sie werden in die Zusammenhänge der Aufgaben zum Text (T1 ...) eingebettet.

Zum Titelbild:
- Untersuchen Sie die Berechtigung der bildlichen und textbezogenen Parallelisierung von Jesus und Buddha. Bringen Sie Ihre Kenntnisse über die Biografie Buddhas und seine Rolle im Buddhismus mit ein.

T1
- „Dass Gott Jesus adoptiert, ist viel logischer als die Geschichte mit der Jungfrauengeburt." – Bewerten Sie diese Aussage eines Jugendlichen.
- Vergleichen Sie die Sohn-Gottes-Konzepte des Paulus und der vier Evangelisten, wie sie deutlich werden in: Röm 1,3f., Phil 2, Mk 1,9–11 und 15,39, Mt 1,18–2,12, Lk 2,1–20, Joh 1,1–14. Beachten Sie die historische Abfolge der Texte: Paulus, Mk, Mt, Lk, Joh.
- Entwerfen Sie eine Tabelle, in der die Entwicklung deutlich wird.
- Untersuchen Sie, in welcher Weise der Verfasser des Johannesevangeliums einen neuen Weg geht. Erarbeiten Sie Vorschläge, wie man den Begriff „Logos" (Wort) übersetzen könnte, damit der Text für moderne Leser einen unmittelbar einleuchtenden Sinn ergibt.

T2
- Beantworten Sie die Frage des „Spiegel" aus der Sicht des Graffiti-Künstlers.
- Vergleichen Sie die Glaubensbekenntnisse von Rom (T9) und Nizäa (EG 904) unter der Frage: Wer ist Christus?
- Entwerfen Sie eine eigene Bekenntnisformulierung zu den „zwei Naturen" Christi.

T3
T4
- Erläutern Sie – auf der Grundlage der beiden Texte und eigener Recherchen – die Positionen der beiden anderen monotheistischen Religionen zum Glauben an Jesus als Sohn Gottes.

T5
T6
- „Der Glaube an Christus als Stolperstein des Religionsgesprächs?" – Arbeiten Sie die Positionen der beiden Texte zu dieser Frage heraus.

T7
- Konfrontieren Sie den Info-Text mit dem Statement des zu T1 zitierten Jugendlichen.
- Vergleichen Sie die Glaubensbekenntnisse (s.o.) daraufhin, welche Aktivitäten dem Heiligen Geist zugesprochen werden und welche biblischen Belege für diese Aussagen in Frage kommen. Beziehen Sie Joh 16,25 in Ihre Überlegungen mit ein.
- Interpretieren Sie die Ikone auf dem Hintergrund von 1 Mose 18,1–15 und dem trinitarischen Dogma. Nehmen Sie zu der Frage Stellung, ob hier die nötige Vorsicht bei der bildlichen Darstellung Gottes überschritten wird.

T8
- „Ein einziger, allmächtiger Gott wird unweigerlich zum Ungeheuer!" – „Ein Gott in drei Personen ist ein Rückfall in die Vielgötterei!" – Sammeln Sie Argumente für beide Positionen und organisieren Sie ein Streitgespräch!
- „Wer sich selbst genug ist, liebt nicht." – Entfalten Sie diese These in einer selbst gewählten Form.
- Erörtern Sie, in welchem Verhältnis „Liebe", „Gerechtigkeit" und „Weisheit" stehen, wenn Gott als ein Beziehungswesen vorgestellt wird. Entwerfen Sie eine bildliche Darstellung.

T9
- Nehmen Sie zu der Frage Stellung, ob es hilfreich ist, das überkommene Glaubensbekenntnis in moderner Sprache für sich selbst neu zu formulieren.
- In der christlichen Tradition gibt es viele Versuche, angemessene Gottesbilder zu finden, die nicht den Verdacht des Götzendienstes aufkommen lassen und doch die

Dreiheit der Personen Gottes bildlich darstellen können. Untersuchen Sie verschiedene Beispiele (Google – Bilder), u.a. auch das auf der S. 120 abgedruckte Deckenfresko, daraufhin, wie weit das gelungen ist.

Kompetenzen

Ich kann

- anhand der Weihnachtsgeschichte und des Johannes-Prologs erklären, wie der Sohn-Gottes-Titel im NT dazu verwendet wird, die besondere Bedeutung Jesu für die Christen herauszustellen

- erläutern, um welche Probleme es bei den Grunddogmen der Christenheit geht (**Zwei-Naturen-Lehre**, **Inkarnation** und **Trinität**), und kenne die Festlegungen der Konzilien

- das Apostolikum auswendig und kenne das nizänische Glaubensbekenntnis im Überblick

- Struktur und Grundaussagen der beiden Glaubensbekenntnisse kommentierend erläutern und erklären, welche Bedeutung Bekenntnisformeln für die Glaubensgemeinschaft haben

- begründet darlegen, inwieweit der Sohn-Gottes-Titel auch heute dazu geeignet ist, das Wesentliche des christlichen Glaubens zu erfassen und im Dialog mit den Religionen zur Sprache zu bringen

- im Gespräch mit Angehörigen anderer Religionen (Buddhismus, Islam, Judentum) das spezifisch christliche Verständnis von Gott darlegen und aus der Bibel begründen

10 Rechtfertigung und Ethik

Heilsbronner Rechtfertigung, 1505

Nun freut euch
von Martin Luther (EG 341)

Nun freut euch, lieben Christen g'mein / und lasst uns fröhlich springen, / dass wir getrost und all in ein / mit Lust und Liebe singen, / was Gott an uns gewendet hat / und seine süße Wundertat; / gar teu'r hat er's erworben.

Dem Teufel ich gefangen lag, / im Tod war ich verloren, / mein Sünd mich quälte Nacht und Tag, / darin war ich geboren. / Ich fiel auch immer tiefer drein, / es war kein Guts am Leben mein, / die Sünd hatt mich besessen.

Mein guten Werk, die galten nicht, / es war mit ihn' verdorben; / der frei Will hasste Gotts Gericht, / er war zum Gutn erstorben; / die Angst mich zu verzweifeln trieb, / dass nichts denn Sterben bei mir blieb, / zur Höllen musst ich sinken.

Da jammert Gott in Ewigkeit / mein Elend übermaßen; / er dacht an sein Barmherzigkeit, / er wollt mir helfen lassen; / er wandt zu mir das Vaterherz, / es war bei ihm fürwahr kein Scherz, / er ließ's sein Bestes kosten.

Er sprach zu seinem lieben Sohn: / „Die Zeit ist hier zu erbarmen; / fahr hin, meins Herzens werte Kron, / und sei das Heil dem Armen / und hilf ihm aus der **Sünden** Not, / erwürg für ihn den bittern Tod / und lass ihn mit dir leben.

Der Sohn dem Vater g'horsam ward, / er kam zu mir auf Erden / von einer Jungfrau rein und zart; / er sollt mein Bruder werden. / Gar heimlich führt er sein Gewalt, / er ging in meiner armen G'stalt, / den Teufel wollt er fangen.

Er sprach zu mir: „Halt dich an mich, / es soll dir jetzt gelingen; / ich geb' mich selber ganz für dich, / da will ich für dich ringen; / denn ich bin dein und du bist mein, / und wo ich bleib, da sollst du sein, / uns soll der Feind nicht scheiden."

Vergießen wird er mir mein Blut, / dazu mein Leben rauben; / das leid ich alles dir zugut, / das halt mit festem Glauben. / Den Tod verschlingt das Leben mein, / mein Unschuld trägt die Sünde dein, / da bist du selig worden.

Jesus Christus als Mittel der Versöhnung
Römer 3,21–28

© Jules Stauber, Schwaig

„Sühneopfer", S. 104

Nun aber ist ohne Zutun des Gesetzes die Gerechtigkeit, die vor Gott gilt, offenbart, bezeugt durch das **Gesetz** und die Propheten. Ich rede aber von der Gerechtigkeit vor Gott, die da kommt durch den Glauben an Jesus Christus zu allen, die glauben. Denn es ist hier kein Unterschied: sie sind allesamt **Sünder** und ermangeln des Ruhmes, den sie bei Gott haben sollten, und werden ohne Verdienst gerecht aus seiner Gnade durch die Erlösung, die durch Christus Jesus geschehen ist. Den hat Gott für den Glauben hingestellt als Sühne in seinem Blut zum Erweis seiner Gerechtigkeit, indem er die Sünden vergibt, die früher begangen wurden in der Zeit seiner Geduld, um nun in dieser Zeit seine Gerechtigkeit zu erweisen, dass er selbst gerecht ist und gerecht macht den, der da ist aus dem Glauben an Jesus. Wo bleibt nun das Rühmen? Es ist ausgeschlossen. Durch welches Gesetz? Durch das Gesetz der Werke? Nein, sondern durch das Gesetz des Glaubens. So halten wir nun dafür, dass der Mensch gerecht wird ohne des Gesetzes Werke, allein durch den Glauben.

Römer 3,21–28

Glaube und Werke bei Martin Luther

Wenn dem Menschen im Glauben seine Sünden vergeben sind, so ist er ganz frei. Aber – so stellt Luther fest – der Freispruch ändert den Menschen noch nicht von Grund auf, er bleibt trotzdem seinen negativen Antrieben unterworfen. Luther sieht den Menschen in einem Schwebezustand zwischen dem „alten Adam" und dem neuen Menschen, der sich auf Christus ausrichtet. Der Mensch ist „simul iustus et peccator", Sünder und Gerechter zugleich.
Das darf aber nicht so verstanden werden, als könne der Christ keine guten Werke vollbringen und alles ethische Streben sei sinnlos. Luther macht nur darauf aufmerksam, dass das Gute in unserem Leben nicht aus uns heraus geschehen kann, sondern nur dort passiert, wo wir uns von Gottes Zusage mitreißen lassen und sozusagen aus uns herausgehen.

Aber der Glaube ist ein göttlich Werk in uns, das uns wandelt und neu gebiert aus Gott und tötet den alten Adam, machet uns zu ganz anderen Menschen, von Herzen, Mut, Sinn und allen Kräften, und bringet den Heiligen Geist mit sich. O, es ist ein lebendig, geschäftig, tätig, mächtig Ding um den Glauben, dass es unmöglich ist, dass er nicht ohne Unterlass sollte Gutes wirken. Er fraget auch nicht, ob gute Werke zu tun sind, sondern ehe man fraget, hat er sie getan, und ist immer im Tun. Wer aber nicht solche Werke tut, der ist ein glaubensloser Mensch, tappet und siehet sich um nach dem Glauben und guten Werken, und weiß weder, was Glaube oder gute Werke sind, wäschet und schwatzet doch viel Worte vom Glauben und guten Werken.

Glaube ist eine lebendige, verwegene Zuversicht auf Gottes Gnade, so gewiss, dass er tausendmal darüber stürbe. Und solche Zuversicht und Erkenntnis göttlicher Gnade machet fröhlich, trotzig und voll Lust gegen Gott und alle Kreaturen, welches der heilige Geist tut im Glauben. Daher ohne Zwang willig und voller Lust wird, Jedermann Gutes zu tun, Jedermann zu dienen, allerlei zu leiden, Gott zu Liebe und zu Lob, der ihm solche Gnade erzeigt hat, also, dass es unmöglich ist, Werk vom Glauben zu scheiden, wie es unmöglich ist, Brennen und Leuchten vom Feuer zu scheiden.

Christoph Wetzel, Luther unter dem Kreuz (1999)

T4

Es kann kein Mensch wirklich demütig sein, bevor er weiß, dass sein Heil gänzlich außer ihm liegt, jenseits seiner Kraft, jenseits seines Planens und Strebens, nicht im eigenen Willen noch Werk, sondern im Urteil, Rat, Willen und Werk eines anderen, nämlich
5 Gottes allein. Wer sich einbildet, er selber könne etwas, und sei es auch noch so wenig, für sein ewiges Heil tun, der beharrt noch im Glauben an sich selbst, der verzweifelt an sich selbst noch nicht ganz. Darum demütigt er sich nicht vor Gott, sondern setzt sich selber Ort, Zeit und Werk, um endlich, wie er wenigstens hofft und
10 wünscht, selig zu werden. Wer dagegen nicht daran zweifelt, dass er ganz vom Willen Gottes abhängt, wer also völlig an sich selbst verzweifelt und nicht von selbsterwählten Werken, sondern allein vom Wirken Gottes sein Heil erwartet, der ist der Gnade am nächsten. Der kann selig werden.

Heilswege der Religionen

Judentum

T5

„Jesus, der Jude", S. 116

Jesu harsche Kritik an den Schriftgelehrten und Pharisäern ärgert mich deshalb, weil auch ich mich nach den Geboten und Verboten richte, die Schriftgelehrte und Pharisäer beachten. Ich bin nämlich überzeugt davon, dass Gott von mir erwartet, dass ich die Gebote der Thora erfülle. Ich bin überzeugt davon, dass Gott von mir will, dass ich nach Heiligkeit strebe. (…)

„Schöpfungsglaube", S. 47

Wenn wir uns bemühen, der Thora zu gehorchen und die Mitzwoth zu erfüllen, gehen wir von der Überzeugung aus, dass wir damit Gottes Bund mit uns umsetzen und so zu ihm gelangen: Die Thora sagt uns, was Gott von uns will und wie wir unseren Bund mit ihm verwirklichen.

Wir sollen ein Leben nach den Regeln der Thora führen, denn die Regeln sind die Bedingungen unseres Bundes mit Gott. Ihm diene ich, wenn ich die Gebote der Thora beachte. Wenn es um die Einhaltung eines Gebotes geht, bete ich zunächst die Benediktion: „Gepriesen seist du, Herr, unser Gott, Herrscher über die Welt, der du uns geheiligt hast durch die Gebote, und uns geboten hast zu …" Dann nenne ich die Handlung, die ich vornehmen werde. Darauf zielt das Leben unter der Thora ab: die Heiligung des alltäglichen Lebens durch die Verrichtung alltäglicher Handlungen, weil Gott es so will.

Jacob Neusner

Buddhismus

T6

Sittlichkeit soll zweierlei bewirken: sie soll überschießenden Egoismus dämmen und sie soll das Leben „kühl", das Herz leicht und glücklich machen. Wer moralisch lebt, lebt nach Ansicht der Buddhisten nicht im Einklang mit der Natur, er lebt gegen sie, er lebt widernatürlich. Denn die Natur bleibt der Gier unterworfen. Animalisches Leben gehorcht allein dem **Gesetz** der Selbstbehauptung, dem Instinkt zu töten, zu rauben, zu täuschen, sich fortzupflanzen, koste es, was es wolle. Der Buddhist kennt folglich kein Problem des Bösen, denn er glaubt nicht, dass ein gütiger Gott die Welt geschaffen hat und dass alles, was er schuf, gut gewesen sei. Der Buddhist hält die Welt, so wie er sie erfährt, für die Frucht von Unwissenheit, Gier und Hass, für durch und durch unmoralisch.

Seine Richtlinien für moralisches Verhalten sind darum auch nicht göttliche **Gebote**, sind nicht die Äußerung eines übermenschlichen Willens, die der Buddhist aus Gehorsamspflicht zu befolgen

hätte, selbst wenn er ihren Sinn nicht oder noch nicht verstünde. Sie sind ihm auch nicht von der Natur mitgegeben, etwa seiner Vernunft oder seinem Herzen eingepflanzt, denn von Natur gehorcht er unmoralischen Instinkten. Sie gehören zur Verkündigung
20 des Buddha. Also steht vor dem rechten Handeln die Einsicht in die Leidenswahrheit. Und vor der rechten Versenkung steht das moralische Verhalten, die sittliche Zucht. Zusammen bilden sie den vom Buddha gelehrten Heilspfad: rechtes Wissen, rechtes Tun, rechte Versenkung.

Hans-Jürgen Greschat

Christentum

Diejenigen irren, die da meinen, Christus sei ein Gesetzgeber, welcher die Sitten in Ordnung bringe und wie ein Sokrates vollkommene Beispiele der Tugenden vortrage. Denn ob er wohl auch das äußerliche Tun lenkt, so richtet er doch zuerst den innerlichen Men-
5 schen zu und erneuert ihn; danach regiert er auch den Leib, die Hände und Füße. Denn auf den Glauben folgen die Werke, gleichwie der Schatten dem Leibe folgt.

Martin Luther

Abendmahl

Im Abendmahl schenkt sich der auferstandene Jesus Christus in seinem für alle dahingegebenen Leib und Blut durch sein verheißendes Wort mit Brot und Wein. Er gewährt uns dadurch Vergebung der Sünden und befreit uns zu einem neuen Leben aus
5 Glauben. Er lässt uns neu erfahren, dass wir Glieder an seinem Leibe sind. Er stärkt uns zum Dienst an den Menschen.

Wenn wir das Abendmahl feiern, verkünden wir den Tod Christi, durch den Gott die Welt mit sich selbst
10 versöhnt hat. Wir bekennen die Gegenwart des auferstandenen Herrn unter uns. In der Freude darüber, dass der Herr zu uns gekommen ist, warten wir auf seine Zukunft in Herrlichkeit.

Leuenberger Konkordie

Moderne theologische Ethik in evangelisch-lutherischer Tradition

von Heinz Zahrnt

Helmut Thielicke (1908–1986), deutscher evangelischer Theologe.

Leitfaden für das Verstehen der **Wirklichkeit** im Hinblick auf das christliche Handeln ist für Thielicke die Lehre von der **Rechtfertigung** des Menschen vor Gott allein durch den Glauben. Damit erweist sich Thielickes Ethik bereits in ihrem Ansatz als eine bewusst lutherische Ethik: Die dem Menschen im Akt der Rechtfertigung widerfahrene Liebe Gottes treibt ihn dazu, nun auch seinerseits Liebe zu üben. Das lenkt den Blick einseitig auf die „Motivation" des christlichen Handelns, und das klingt wieder gefährlich nach bloßer Innerlichkeit und Gesinnung. „Motivation" aber ist nicht nur einfach als „Gesinnung" zu verstehen, sondern meint ein „neues Existieren": Der Christ ist in einen neuen „motus", in eine Liebesbewegung hineingerissen, die Gott selbst entfacht hat, und erst dadurch wird er einer neuen Gesinnung fähig. Es geht hier nach dem bekannten Wort Augustins: „ Dilige et fac quod vis!" – „Liebe und dann tu, was du willst!" Streng genommen lehrt eine christliche Ethik also nicht, was wir tun sollen, sondern was wir tun dürfen. Ihr Thema ist die „Freiheit eines Christenmenschen", ihr Prinzip die „Dialektik von Freiheit und Bindung". „*Sie zeigt uns, wie der verlorene Sohn lebt, nachdem er die Knechtschaft der Fremde verlassen hat und nachdem er über die Gesetzes-Tugend des daheimgebliebenen Bruders hinausgewachsen ist.*"

So bildet die Rechtfertigung des Menschen vor Gott allein durch den Glauben das „Herzstück" aller theologischen Ethik.

Der Glaube schützt die Vernunft

Thielicke tritt dafür ein, dass der Glaube die sachgebundene Vernunft in ihrem Urteil nicht beeinflusst und insofern gibt es keine „christliche Vernunft". Der Glaube kann die Vernunft jedoch in ethischen Konfliktsituationen insofern unterstützen, als er dazu beiträgt, dass ihre
5 Entscheidungen vorurteilslos und unbeeinflusst getroffen werden, „*dass die Vernunft nach oben und nach unten abgeschirmt und gleichsam bei sich selber gehalten wird*". Der Glaube schirmt die Vernunft *nach oben* ab, indem er verhindert, dass das Evangelium zum Gesetz gemacht wird und er schirmt sie *nach unten* ab, indem er die selbstbe-
10 zogenen Hoffnungen und Ängste entmachtet. „*Erst die Erlösung des Menschen von Furcht und Hoffnung oder besser: seine Befreiung von dem zu Hoffenden und dem zu Fürchtenden auf den hin, der von der Angst der Welt erlöst und allein Gegenstand der Hoffnung sein will, verleiht Sachlichkeit.*" Die theologisch begründete Form der Vernunftautono-
15 mie ist ein Ausdruck für die Berufung des Menschen zur Mündigkeit und Verantwortlichkeit vor Gott.

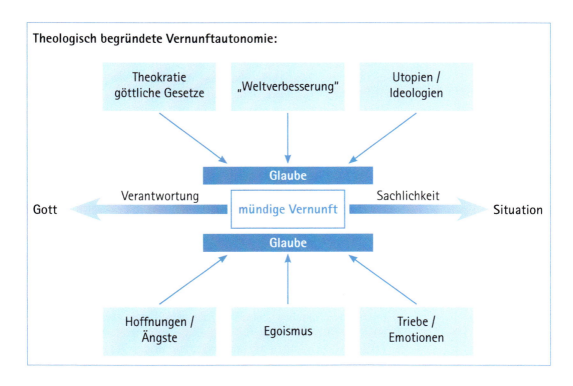

Stationen auf dem Weg zur Freiheit
von Dietrich Bonhoeffer

Dietrich Bonhoeffer (1906–1945) war lutherischer Theologe, Vertreter der Bekennenden Kirche und deutscher Widerstandskämpfer gegen den Nationalsozialismus.

T11

Zucht

Ziehst du aus, die Freiheit zu suchen, so lerne vor allem
Zucht der Sinne und deiner Seele, dass die Begierden
und deine Glieder dich nicht bald hierhin, bald dorthin führen.
Keusch sei dein Geist und dein Leib, gänzlich dir selbst unterworfen, 5
und gehorsam, das Ziel zu suchen, das ihm gesetzt ist.

Tat

Nicht das beliebige, sondern das Rechte tun und wagen,
nicht im Möglichen schweben, das Wirkliche tapfer ergreifen,
nicht in der Flucht der Gedanken, allein in der Tat ist die Freiheit. 10
Tritt aus ängstlichem Zögern heraus in der Sturm des Geschehens,
nur von Gottes Gebot und deinem Glauben getragen,
und die Freiheit wird deinen Geist jauchzend umfangen.

Leiden

Wunderbare Verwandlung. Die starken tätigen Hände 15
sind dir gebunden. Ohnmächtig einsam siehst du das Ende
deiner Tat. Doch atmest du auf und legst das Rechte
still und getrost in stärkere Hand und gibst dich zufrieden.
Nur einen Augenblick berührtest du selig die Freiheit,
dann übergabst du sie Gott, damit er sie herrlich vollende. 20

Tod

Komm nun, höchstes Fest auf dem Wege zur ewigen Freiheit,
Tod, leg nieder beschwerliche Ketten und Mauern
unsres vergänglichen Leibes und unsrer verblendeten Seele,
dass wir endlich erblicken, was hier uns zu sehen missgönnt ist. 25
Freiheit, dich suchten wir lange in Zucht und in Tat und in Leiden.
Sterbend erkennen wir nun im Angesicht Gottes dich selbst.

Aufgaben

Abbildungen haben keine eigene Nummerierung; sie werden in die Zusammenhänge der Aufgaben zum Text (T1 …) eingebettet.

Zum Titelbild:
- Untersuchen Sie die Gestik von Vater und Sohn in der Darstellung der „Heilsbronner Rechtfertigung" (Ausschnitt aus einem mittelalterlichen „Jüngsten Gericht").
- Interpretieren Sie den Bildausschnitt im Vergleich zum „Gnadenstuhl" S. 100) und überprüfen Sie, welche Aussagen des Glaubensbekenntnisses über den Heiligen Geist hier eine Rolle spielen können.
- Entwerfen Sie eine Skizze für die Fortsetzung des Bildes auf der rechten Seite.

T1
- Arbeiten Sie die drei Dialogszenen des Liedes heraus und gestalten Sie sie im Kontext von heute neu.
- Rechtfertigung als Drama in drei Akten: Entwerfen Sie ein entsprechendes Bühnenszenario.

T2
- Paulus und Luther beschäftigen sich mit demselben grundlegenden Glaubensgegenstand: der Rechtfertigung des Menschen vor Gott. Vergleichen Sie T1 und T2 und stellen Sie heraus, wie Luther die Akzentsetzung gegenüber der Paulus-Stelle verändert hat.
- Recherchieren Sie, welcher Grundgedanke hinter der sogenannten Satisfaktionslehre des Anselm von Canterbury steht, und arbeiten Sie heraus, wo und wie Luther sich darauf bezieht.
- Vergleichen Sie die Karikatur mit dem Original Michelangelos (Detail S. 49). Deuten Sie die Aussageabsicht unter Einbeziehung des Textes T7 (S. 104).

T3
- Entwickeln Sie ein Flussdiagramm, das deutlich macht, wie Glaube und gute Werke zusammenhängen (und wie nicht).

- „Der Indikativ geht dem Imperativ voraus" – Erläutern Sie anhand dieses Satzes die ethische Dimension der Rechtfertigungslehre Luthers; beziehen Sie Mt 7,17f. in Ihre Überlegungen mit ein.
- Deuten Sie das Gemälde von Christoph Wetzel mit dem Titel *Luther unter dem Kreuz* (1999) im Zusammenhang mit dem Luther-Lied (T1). Stellen Sie Vergleiche zu ähnlichen Bildmotiven an (z.B. Kreuzigungsszene des Isenheimer Altars, S. 156; Luther-Porträt von Lukas Cranach, S. 67).

T4
- Diskutieren Sie die Eignung des Begriffes „Demut" in der modernen ethisch-theologischen Diskussion bzw. schlagen Sie eine Alternative vor.
- Setzen Sie Bild und Text in einen Zusammenhang.

T5
- Der Rabbiner Jakob Neusner setzt sich kritisch mit dem Juden Jesus auseinander. Entwickeln Sie einen Dialog, in dem sich Neusner mit dem „Rabbiner Paulus" über die Bedeutung der Thora auseinandersetzt. Probieren Sie aus, welche Wendung Luther dem Gespräch geben könnte.

T6
- Arbeiten Sie heraus, worin sich das Welt- und Menschenbild der Buddhisten grundlegend vom biblischen unterscheidet. Gehen Sie dabei auch der Frage nach, wie der Buddhist zu Regeln für sein Verhalten kommt und wohin sein „Heilspfad" führt.

T7
- Entwerfen Sie einen Artikel „Rechtfertigungslehre" für ein Schülerinnen- und Schüler-Lexikon.

T8
- Stellen Sie den theologischen Zusammenhang zwischen Abendmahl und Rechtfertigung dar, so wie er Ihnen persönlich plausibel erscheint. Ziehen Sie die Erläuterungen (EG 879) und die „Einsetzungsworte" zum Abendmahl (EG 679) zurate.

T9
- Entfalten Sie eine eigene Vorstellung vom Leben des verlorenen Sohns nach seiner Heimkehr.
- Entwerfen Sie ein Fallbeispiel, bei dem es einen Unterschied machen würde, ob jemand aus Pflicht Gutes tut oder aus Freiheit.
- Untersuchen Sie an konkreten Beispielen aus dem ethischen Problemfeld „Partnerschaft", auf welche Schwierigkeiten der Satz „Dilige et fac quod vis!" in der Praxis stößt.
- Im Hinblick auf das Verbot der Ehescheidung in Mt 19,18 formuliert Thielicke: „Man kann nicht simplifizierend sagen: Gott erlaubt die Ehescheidung. Man kann aber ebenso wenig sagen: Er verbietet sie. Statt dass die Eindeutigkeit des Willens Gottes gegeben wäre, muss dieser Wille im Wagnis gesucht werden." – Legen Sie dar, zu welchen begründeten Schlussfolgerungen man in dieser Frage als evangelisch-lutherischer Christ kommen kann.
- Verteidigen Sie diese Position gegenüber dem katholischen Verständnis von der Unauflöslichkeit einer sakramental geschlossenen Ehe.

T10
- „Mündige Vernunft" und „Glaube an Gott" werden häufig als Gegensätze betrachtet. Diskutieren Sie das Besondere an Thielickes Vorstoß.

T11
- Vergleichen Sie T11 mit Prediger 1,1–11 und 3,1–15. Setzen Sie sich mit den Lebenseinstellungen auseinander, die Ihnen hier angeboten werden.

Kompetenzen

Ich kann

- Röm 3,21–28 in lutherischer Tradition deuten
- den gedanklichen Gehalt der Rechtfertigungslehre erklären und daraus Unterschiede des christlichen Glaubens zu Heilsweg-Religionen deutlich machen
- die emotionale Entlastung durch den Glauben an die bedingungslose Zuwendung Gottes nachempfinden und mithilfe geeigneter biblischer Geschichten narrativ verdeutlichen
- beschreiben, inwiefern das christliche Abendmahl eine wichtige symbolische Ausdrucksform dieses Glaubens darstellt
- über die Bedeutung des ethischen Handelns für den christlichen Glauben Auskunft geben und sie anhand der Begriffe „Indikativ" und Imperativ" erklären
- Konsequenzen des Rechtfertigungsglaubens für die Ethik anhand des Entwurfs von Helmut Thielicke darstellen
- darüber Auskunft geben, zu welchen Motiven und Einstellungen eine protestantische Ethik (z. B. im Lebensbereich „Partnerschaft/Familie") führen kann

11 Gott vor Gericht

Da kann Gott nix mehr machen

von Werner H. Ritter

Der Religionspädagoge Werner H. Ritter hat Kinder und Jugendliche gefragt, ob sie Gott für das Leid in der Welt verantwortlich machen:

Es spricht viel dafür, dass sehr viele der befragten Kinder und Jugendlichen den historisch mit der jüdisch-christlichen Traditionsgeschichte gegebenen „klassischen" Zusammenhang von Gott und Leid nicht kennen bzw. ihn nicht teilen. Sie sehen Gott daher nicht als verantwortlich für das Leid in der Welt an. *„Was will'n Gott da machen, wenn du'n Tumor hast?"*, fragt eine Achtklässlerin.

Manche führen aus, dass Leiderfahrungen zu einer Intensivierung der Gottesbeziehung beitragen können: *„Ich glaube, den Glauben erlebst du in solchen Zeiten viel besser, als wenn du nicht solches Leid hast"*, meint ein Zehntklässler. Leid kann Menschen insofern zu Gott hinführen. Einige haben auch die Erfahrung gemacht, dass Gott im Leid als Freund und Begleiter erfahren werden kann. Mit Gott ist es dann, so die Formulierung eines Jungen in der zwölften Klasse, *„wie mit dem guten Freund, den man nur in der Situation erkennt, wo man ihn braucht"*.

Auch wenn sie häufig keinen Zusammenhang zwischen Gottesfrage und Leid sehen, heißt dies nicht, dass sie nicht an Gott glauben. Eher vertreten sie, so unsere Beobachtung, einen Gottesglauben, der nicht notwendigerweise die Frage nach dem Leiden bzw. die Theodizeefrage aufwirft: *„Ich glaube schon, dass es 'nen Gott gibt und eine höhere Macht, aber ich glaub' nicht, dass der alles gut machen kann, schön machen kann, toll machen kann"*, so das Bekenntnis einer Zehntklässlerin.

Die Äußerungen nicht weniger Kinder und Jugendlicher legen daher den Eindruck nahe, dass sie ein eher deistisches Gotteskonzept haben: Gott existiert, aber er greift nicht in das Geschehen auf der Erde ein. Inhaltlich sehen manche ihn deswegen eher als Quelle der Kraft, die das Leid erträglich werden lässt, als Garanten von Halt und Sicherheit oder als jemanden, an den man Leid abgeben kann.

„Deismus", S. 36, 143

Hiob: Ringen mit Gott

*Mich ekelt mein Leben an.
Ich will meiner Klage ihren Lauf lassen und reden in der Betrübnis meiner Seele und zu Gott sagen: Verdamme mich nicht! Lass mich wissen, warum du mich vor Gericht ziehst.
Gefällt dir's, dass du Gewalt tust und verwirfst mich, den deine Hände gemacht haben, und bringst der Gottlosen Vorhaben zu Ehren?*

Hiob 10,1–4

Lois Corinth,
Hiob und seine Freunde, 1912

Das biblische Buch Hiob ist kein Bericht über ein historisches Geschehen. Es handelt sich vielmehr um ein theologisches Labor, ein Gedankenexperiment mit „idealen" Bedingungen, wie sie im Leben so rein nie vorkommen. Die Ausgangssituation: Der absolut perfekte Ge-
5 rechte erleidet den denkbar schwersten Schicksalsschlag. Hiob wird auf eine große dramatische Fallhöhe gebracht, er ist nicht nur tadellos gerecht, er ist auch mit Gütern, Nachkommen und Lebensglück ganz offensichtlich gesegnet. All das, zuerst der Besitz und die soziale Stellung, dann noch die Gesundheit, geht mit einem Schlag verloren –
10 ausgespart bleibt lediglich der physische Tod. Aus dem Segen wird über Nacht Unheil und Fluch. Dieser von allen Nebenbedingungen gereinigte Präzedenzfall stellt den Ausgangspunkt einer vielschichtigen theologischen Diskussion dar. Die offene Frage lautet: Welche Bedeutung hat das Unheil im Leben der Menschen in ihrem Verhältnis zu
15 Gott? Dabei werden alle Möglichkeiten bis ins Detail nachgeprüft: Handelt es sich um einen Test, eine Prüfung? Gibt es ein geheimes Verschulden Hiobs? Welche Reaktionsmöglichkeiten bleiben dem Menschen? Kann er sich nicht einfach fügen? Muss er aufbegehren, gegen die Mächte eines ungerechten Schicksals? Soll er resignieren
20 angesichts seiner Machtlosigkeit? Gibt es einen Grund zur Hoffnung für die Zukunft? Hiob diskutiert alle diese Fragen mit seinen Freunden, die jedoch im Unterschied zu ihm nicht selbst betroffen sind.

Deus absconditus und deus revelatus bei Martin Luther

von Paul Althaus

Gott in seinem geheimen Willen und Wirken (deus absconditus) mit Ehrfurcht anbeten – das schließt aus, dass wir Menschen mit Gott darüber hadern und ihn der Ungerechtigkeit anklagen dürften. Luther nimmt wie vor ihm Augustin die Worte aus Röm 9 auf, mit denen Paulus das Murren des Menschen wider Gott zurückweist (9,20).

Für unsere menschlichen Begriffe scheint Gottes Handeln, (…) lauter Ungerechtigkeit und Willkür zu sein. Aber Luther erinnert daran, dass wir Gottes Wirken nicht nach dem uns Menschen geltenden Gesetz, mit menschlichen Maßstäben für das, was gerecht ist, messen dürfen. Wir haben den Abstand zwischen Gott und Mensch zu bedenken. Seine Gerechtigkeit ist als Gottes Gerechtigkeit notwendig übermenschlich, daher unserem Nachrechnen und Durchschauenwollen entzogen, für unser Verstehen unbegreiflich. Könnten wir sie verstehen, dann wäre sie nicht göttliche Gerechtigkeit. „Wie unbegreiflich sind seine Gerichte", heißt es bei dem Apostel Paulus.

Gott hat nicht wie wir Menschen ein Gesetz über sich. Sonst wäre er nicht Gott, sondern hätte eine Autorität über sich. Aber er ist selber höchste Autorität und Instanz, „die Regel für alles". Er ist sich selbst sein eigenes Gesetz. Er will und handelt nicht nach Willkür, sondern nach der Norm seines heiligen Wesens. Weil dieses der Inbegriff alles Gutseins ist, kann auch das, was er will, nur gut sein, denn er will es aus seinem Wesen heraus. Sein Wille ist das höchste Gute, summum bonum. So ist an seiner Gerechtigkeit kein Zweifel.

Vorerst müssen wir sie freilich einfach glauben. Aber am Ende, bei der Offenbarung seiner Herrlichkeit, wird Gott uns auch sehen lassen, dass er in allem seinem Handeln gerecht war und ist. Das „Licht der Gnade", das Evangelium, löst uns das Rätsel und den Anstoß, den die scheinbar ungerechte Verteilung der irdischen Schicksale bietet; es enthüllt uns die Gerechtigkeit, den Sinn in ihnen. So wird das „Licht der Herrlichkeit" uns dereinst über die Not der scheinbaren Ungerechtigkeit Gottes in seinem Erwählen und Verwerfen hinausführen und seine Gerechtigkeit, den hohen Sinn auch darin enthüllen. Bis dahin sollen wir sie glauben, ermutigt durch das, was das Licht der Gnade, das Evangelium von Gottes ewiger Güte (deus revelatus), schon enthüllt hat.

Paul Althaus (1888–1966), evangelischer Theologe und Luther-Forscher.

Ein Brief an Martin Luther

Lieber Bruder Luther!

Ich möchte Ihnen für diese Zeilen danken. Hellhörig machen mich zunächst die Worte „gnädig über sie ordne". Sie reden von Leiden und von Widerwärtigkeiten, ausdrücklich nicht nur von den kleinen, sondern auch von den großen. Ich möchte Ihnen erzählen,
5 wie meine Mitmenschen und ich, wie wir bei dieser Thematik gern weiterdenken: Wir sagen *entweder* „gnädig" *oder* „ordne", wir wagen kaum, beides gleichzeitig zu sagen.

„Gnädig" heißt also: Gott ist mit dem von Leid und Widerwärtigkeit befallenen Menschen gnädig verbunden, er ist ihm Freund,
10 ruft ihn zu sich. Aber, dass Gott das Leid „geordnet", gemacht, gewollt hat, da verschlägt es uns die Sprache. Wer heute als Behinderter sagt: Gott will, dass dieses stark von Behinderung geprägte Leben mein Leben ist; wer heute sagt: Behinderte Menschen kommen genauso im ersten Glaubensartikel vor wie Menschen
15 ohne Behinderung (Gott schafft nicht nur den Sehenden, sondern auch den Blinden), der muss theologischerseits mit Widerspruch rechnen: So darf Gottes gnädiges Ordnen angeblich nicht aussehen. Das ist schon ein Brocken, wenn Sie dazu aufrufen, zu glauben, dass Gott auch großes Leid „gnädig über uns ordnet".
20 Warum sind mir gerade diese Gedanken so wichtig?
Nur wenn wir das „gnädig ordne" durchhalten, ist einerseits die Kontinuität von Gottes Schöpfer-Sein gewahrt und andererseits die Solidarität der Glaubenden. Der Mensch im Leiden gefällt Gott „noch" wohl, sagen Sie. Das, was wir als krassen Bruch spüren (ich
25 beispielsweise konnte bis zum 21. Lebensjahr auf Bäume klettern, seither sitze ich im Rollstuhl), ist kein Bruch innerhalb der Einstellung Gottes zu uns. So wie ich mich vor meiner Erkrankung als Gottes gutes Geschöpf glauben durfte, so darf ich es „noch" heute.

„Lasst uns weiter fragen: Wenn es ihnen übel geht an Leib, Gut, Ehre, Freund oder was sie haben, ob sie dann auch glauben, dass sie Gott noch wohlgefallen und er ihre Leiden und Widerwärtigkeiten, sie seien klein oder groß, gnädig über sie ordne? Hier ist die Kunst: zu Gott, der sich nach all unserem Sinn und Verstand zornig stellet, gute Zuversicht zu haben und sich Besseres von ihm zu versehen, als sich's empfindet."

Martin Luther, Sermon von den guten Werken (1520)

Ulrich Bach (1931–2009) war evangelischer Theologe; erkrankte als Student an Polio und saß seither im Rollstuhl; seine Themen: Behinderte in Theologie und Diakonie.

Nicht nur: Der Gott, der mich früher hüpfen ließ und heute sehen lässt, ist derselbe wie der Gott, der mir heute den Rollstuhl zumutet. Sondern auch: Gottes Einstellung zu mir (dass ich ihm wohlgefalle, wie Sie sagen) ist hier wie dort die gleiche. Und so kann auch mein Glaube hier wie dort der gleiche sein: Nicht nur, was mir gefällt, sondern auch das, was mir starkes Unbehagen macht, hat er „gnädig geordnet". Nur so kann, wenn ich das richtig sehe, die Solidarität der Glaubenden gewahrt bleiben: Die unter uns, die im Blick auf „Leib, Gut, Ehre" nichts Negatives zu beklagen haben, und „auch" die, bei denen das sehr anders ist, dürfen und sollen in gleicher Weise an den ihnen gnädigen Schöpfer glauben. Die einen wie die anderen können nicht erklären, warum Gott ihnen gerade dieses zukommen lässt. Die Menschen ohne Behinderung stehen da „auch" vor einem Rätsel; und die Menschen mit Behinderung dürfen „auch" an den ihnen gnädigen Schöpfer glauben. Wenn ich mir bewusst mache, was Sie da vom Glauben sagen, überfällt mich das Gefühl: Das kann ich nicht leisten! Darum bin ich Ihnen dankbar dafür, dass Sie hier ausdrücklich von der „Kunst" des Glaubens sprechen. Das heißt doch: Solcher Glaube ist kein Kinderspiel, sondern erfordert wirkliches Können.

Noch einmal: Das kann ich nicht leisten. Aber wenn wir uns gemeinsam an der Hand fassen, den mitziehen, der zu stolpern droht, mitgezogen werden, wenn wir selber ins Stolpern geraten; dann könnte es uns vielleicht gelingen.

Ihr Ulrich Bach

„Die Beste aller möglichen Welten?"

Wie kann angesichts der Leiden und Ungerechtigkeiten in der Welt von einem vernünftigen, allgütigen und allmächtigen Gott die Rede sein? Der deutsche Universalgelehrte Gottlieb Wilhelm Leibniz (1646–1716) prägt den Begriff für dieses Problem: **Theodizee**
5 (**Rechtfertigung** Gottes). Die Philosophen der Aufklärung wie Leibniz wollen zeigen, dass sich die Übel der Welt aus der Perspektive der Vernunft entweder als nur scheinbare auflösen, weil sie auf der irrtümlichen Wahrnehmung der Menschen beruhen, oder sich von einer höheren Warte aus als sinnvoll und unumgänglich er-
10 klären lassen. Zu diesem Zweck unterscheidet Leibniz zwischen verschiedenen Formen des Übels:

„Freiheit", S. 61

malum moralum, moralisches Übel

Das von Menschen aus freiem Willen verursachte Übel kann durch die Vernunft gebannt werden. Es ist Folge der moralischen Freiheit und Verantwortlichkeit der Menschen und somit nicht Gott anzulasten.

malum physicum, natürliches Übel

Das Leiden, das aus der naturgesetzlichen Ordnung der Welt folgt, muss hingenommen werden, weil nur eine solche geregelte Natur menschlicher Vernunft die Chance gibt, sie zu erforschen, zu verstehen und zu lenken.

malum metaphysicum, metaphysisches Übel

Darunter versteht Leibniz die negativen Folgen der **Geschöpflichkeit**, Endlichkeit und Begrenztheit des Menschen. Der Mensch ist nicht Gott, er muss sterben und sein Verstand ist nicht in der Lage, zu vollkommener Erkenntnis zu gelangen. Darin sieht Leibniz aber
5 keinen Grund zur Anklage Gottes; denn Begrenzung sei die logische Folge von **Schöpfung**.
   Leibniz weist auf einen notwendigen Zusammenhang zwischen Gutem und Übel hin. Die wirkliche Welt ist die beste u.a. in dem Sinne, dass das Gute in ihr auch von Gott nicht mit einem geringe-
10 ren Maß an Übel verwirklicht werden kann. Außerdem ist diese „beste aller möglichen Welten" dynamisch gedacht: Nicht der derzeitige Zustand der Welt ist der bestmögliche, sondern die Welt mit ihrem Entwicklungspotenzial ist die beste aus allen denkbaren. Gott hätte etwas anderes als die Welt der Menschen erschaffen können,
15 aber er hätte den Menschen nicht anders erschaffen können. Er ist ein integraler Bestandteil dieser physikalischen Welt.

Das Theodizeeproblem
von Armin Kreiner

„Atheismus", S. 16

Die Struktur des Theodizee-Problems gibt auch die verschiedenen Lösungs- bzw. Antwortmöglichkeiten vor. Die *atheistische* Schlussfolgerung ließe sich vermeiden, wenn Gott entweder nicht allmächtig oder nicht gütig wäre. Im ersten Fall würde er nicht über die Macht verfügen, das Leid verhindern zu können. Im zweiten Fall würde ihm nichts daran liegen, dies zu tun. In beiden Fällen würde die Existenz von Übel und Leid dem Glauben an Gott nicht widersprechen.

Beide Lösungsmöglichkeiten sind allerdings wenig überzeugend. Der Verzicht auf die Allmacht macht die theistische Rede von Gott unglaubwürdig: Wenn Gott die Macht hat, die Welt aus dem Nichts zu erschaffen oder die Toten aufzuerwecken, hat er offensichtlich auch die Macht, einen Grippevirus zu eliminieren, einen Flugzeugabsturz abzuwenden oder die nationalsozialistischen Gräueltaten zu verhindern. Gott die Macht, das eine zu tun, zuzuschreiben und die Macht, das andere zu verhindern, abzuschreiben, wirkt völlig willkürlich und unplausibel. Der Verzicht auf die Güte Gottes ist ebenfalls wenig Erfolg versprechend und allenfalls reizvoll für Menschen, die dazu neigen, die Macht anzubeten. Verehrung würde ein moralisch ambivalenter Gott nicht verdienen, wäre er doch kaum vom Teufel unterscheidbar. (…)

Die *christliche* Antwort geht davon aus, dass Gott die Welt unmöglich in dem Zustand erschaffen haben konnte, in dem wir sie vorfinden. Ursprünglich hatte Gott eine Welt ohne Leid, Schmerz und Tod erschaffen. Der Standardantwort zufolge wurde dieser paradiesische Urzustand durch die Sünde des Geschöpfs gestört, wodurch Übel und Leid in eine anfänglich leidfreie Welt traten. Dieser Lösung liegt eine Moralisierung des Übels zugrunde, die besagt, dass alle Übel mit Sünde, Schuld und Strafe zusammenhängen. Die Gerechtigkeit Gottes macht es erforderlich, dass Gott die Sünder bestraft, denn andernfalls wäre er nicht moralisch vollkommen. Diese Lösung des Theodizee-Problems spricht Gott gerecht zu Lasten des Menschen bzw. des Geschöpfs.

Gerade die Moralisierung wurde der Standardlösung aber immer mehr zum Verhängnis. Kann es denn wirklich gerecht sein, die Nachkommen aufgrund der Sünden der Vorfahren zu bestrafen? Und sind nicht – gemessen an dem, was unzählige Menschen zu leiden haben – alle unschuldig? Hat es denn irgendjemand verdient, qualvoll an einer unheilbaren Krankheit zugrunde zu gehen, an Unterernährung zu leiden und schließlich zu verhungern, vergewaltigt oder ermordet zu werden?

„Sünde", S. 50

Armin Kreiner (geb. 1954), katholischer Theologe.

Gott nach Auschwitz?

von Hans Jonas

Im Anfang, aus unerkennbarer Wahl, entschied der göttliche Grund des Seins, sich dem Zufall, dem Wagnis und der endlosen Mannigfaltigkeit des Werdens anheim zu geben. Und zwar gänzlich: Da sie einging in das Abenteuer von Raum und Zeit, hielt die Gottheit nichts von sich zurück; kein unergriffener und immuner Teil von ihr blieb, um die umwegige Ausformung ihres Schicksals in der Schöpfung von jenseits her zu lenken, zu berichtigen und letztlich zu garantieren.

Vielmehr, damit Welt sei, und für sich selbst sei, entsagte Gott seinem eigenen Sein; er entkleidete sich seiner Gottheit, um sie zurückzuempfangen von der Odyssee der Zeit, beladen mit der Zufallsernte unvorhersehbarer zeitlicher Erfahrung, verklärt oder vielleicht auch entstellt durch sie.

Die Theologie kann den Grundsatz aufstellen, dass Gottes Macht als begrenzt anzusehen ist durch etwas, dessen Existenz aus eigenem Recht und dessen Macht, aus eigener Autorität zu wirken, er selbst anerkennt. Das ließe sich nun auch als lediglich ein Zugeständnis von Gottes Seite interpretieren, das er widerrufen kann, wann es ihm beliebt (…) Doch das würde nicht genügen, denn bei dem wahrhaft und ganz einseitig Ungeheuerlichen, das unter seinen Ebenbildern in der Schöpfung dann und wann die einen den schuldlos anderen antun, dürfte man wohl erwarten, dass der gute Gott die eigene Regel selbst äußerster Zurückhaltung seiner Macht dann und wann bricht und mit dem rettenden Wunder eingreift. …

Aber Gott schwieg. Und da sage ich nun: nicht weil er nicht wollte, sondern weil er nicht konnte, griff er nicht ein. Verzichtend auf seine eigene Unverletzlichkeit erlaubte der ewige Grund der Welt zu sein. Dieser Selbstverneinung schuldet alle Kreatur ihr Dasein und hat mit ihm empfangen, was es von Jenseits zu empfangen gab. Nachdem er sich ganz in die werdende Welt hineingab, hat Gott nichts mehr zu geben: Jetzt ist es am Menschen, ihm zu geben. Und er kann dies tun, indem er in den Wegen seines Lebens darauf sieht, dass es nicht geschehe, oder nicht zu oft geschehe, und nicht seinetwegen, dass es Gott um das Werdenlassen der Welt gereuen muss.

T7

Für jüdische Denker stellte sich nach dem Holocaust die Frage nach der Macht und Güte in besonders prekärer Weise: Wie konnte Gott der Vernichtung seines Volkes tatenlos zusehen? Hans Jonas antwortete darauf mit einem „Mythos", der den Glauben an Gott in die Sprache des Zeitalters von Evolutionslehre und Holocaust überträgt.

„Deismus", S. 36, 136

Hans Jonas (1903–1993), jüdischer Philosoph.

Eine christliche Antwort

Das Bild, das Hans Jonas von Gott und seinem Verhältnis zur Welt zeichnet, geht vom gemeinsamen Grundverständnis der Bibel aus:

Gott ist ein Gott der Liebe und er erschafft daher eine Welt als Gegenüber, in der ihm freie Partner wie die Menschen entstehen können. Damit beschränkt er seine Macht und lässt sich darauf ein, dass er nicht mehr alles kontrolliert.

Hans Jonas legt nun den Akzent auf die unwiderrufliche Machtlosigkeit Gottes, die sich in der menschlichen Geschichte der Kriege und Völkermorde erweist. Gott leidet als Zuschauer, aber er ist nicht Teil dieser Welt des Mordens.

Als Christ, mit dem Bild des Gekreuzigten vor Augen, kommt man zu einem anderen Verständnis: Gott ist durchaus in dieser Welt und gerade in ihrer Nachtseite ist er besonders präsent. Das Kreuz ist ein Zeichen dafür, dass Gott in allem unschuldigen Leiden da ist und den Leidenden nicht aus seinen Händen lässt, wie er Jesus Christus nicht verlassen hat. Er erniedrigt und entäußert sich selbst, um den leidenden Geschöpfen nahe zu sein.

Wenn er die Geschichte der Welt und der Menschen als offenen, nicht vorhersehbaren Prozess mit ungewissem Ausgang ansieht, orientiert sich Hans Jonas am Bild der sich selbst organisierenden Evolution. Wenn daher Gott keine Eingriffsmöglichkeiten bleiben, ist das nur konsequent.

Für den Christen bestimmt das Bild der **Auferstehung** den Blick auf die Zukunft. Gott lässt das **Opfer**, Jesus Christus, nicht im Tod. Für alle Opfer gibt es Hoffnung, weil Gott eine Wende herbeiführt. Jesus, als das Opfer der Gewalt und Entfremdung von Gott, wird zum Leben erweckt und bis zum Ende der menschlichen Geschichte aufbewahrt. „Von dort wird er kommen zu richten", heißt es im Glaubensbekenntnis. Das Ende ist also nicht offen und fraglich, sondern führt auf Christus zu. Gott ist das Alpha und das Omega, er umgreift den Prozess der **Schöpfung** und führt sie zum guten Ende.

Röm 8,18–25

Diese christliche Hoffnung auf ein gutes Ende jedes einzelnen Lebens und der Geschichte bei Gott ist die Perspektive, aus der jedes Leid betrachtet werden muss.

Aufgaben

Abbildungen haben keine eigene Nummerierung; sie werden in die Zusammenhänge der Aufgaben zum Text (T1 ...) eingebettet.

Zum Titelbild:
- Bewerten Sie die Berechtigung der Textmontage zu dem abgedruckten Pressefoto der Tsunami-Katastrophe von 2005. Entwerfen Sie einen alternativen Text, evtl. mit einem Bibelzitat.
- Erörtern Sie, welche grundsätzlichen Fragen eine Naturkatastrophe für den Glauben aufwirft.

T1
- Entwickeln Sie aus Ihrer Kenntnis Gleichaltriger eine Begründung für dieses überraschende Ergebnis.
- Den befragten Schülerinnen und Schülern wurde ein Fallbeispiel vorgelegt, auf Grund dessen sie sich über Gott äußern sollten: Dieses Beispiel erzählte von einem Jungen, der unheilbaren Krebs hat. – Nehmen Sie Ihrerseits Stellung.

T2
- Untersuchen Sie die Ausgangssituation des Hiobbuchs, das „Märchen" von der Wette zwischen Gott und dem Satan. (Hiob 1,1–2,9). Kommentieren Sie es aus der Sicht einer beteiligten Beobachterin wie etwa der Frau Hiobs.
- Nehmen Sie selbst Stellung und konfrontieren Sie dann Ihre Antwort mit den Antworten, die Hiobs Freunde finden (Recherchieren Sie dazu im Buch Hiob, insbesondere 8,1–22, einem Bibelkommentar oder einer Bibelkunde).
- Untersuchen Sie, welche Position der Künstler des Bildes einnimmt bzw. unterstützt.
- Nach der Lektüre der beiden Reden Gottes (Buch Hiob, Kapitel 38 und 40): Geben Sie Gott eine persönliche Antwort.
- Beurteilen Sie, inwieweit Hiob 42,1–17 geeignet ist, die aufgeworfenen Fragen zu beantworten.

- Das Hiob-Problem stellt sich nur in einem bestimmten religiösen Zusammenhang. In fernöstlichen Religionen stellt es sich nicht, im Islam wird es so nicht diskutiert. – Erläutern Sie dies.

T3
- Ordnen Sie Luthers „deus absconditus" und „deus revelatus" in einer Tabelle die jeweiligen Erfahrungen des Menschen zu. Stellen Sie – so gut es geht – einen Zusammenhang zwischen diesen beiden Erfahrungsweisen her.

T4
- Ulrich Bach untersucht den Standpunkt Luthers aus der Perspektive eines Betroffenen. Verfassen Sie einen Kommentar zu seinem Brief und belegen Sie Ihre Einschätzung mit Originalzitaten.
- Entwerfen Sie einen zweiten Brief an Luther – diesmal aus der Perspektive eines nicht behinderten Menschen.
- Untersuchen Sie in Ihrem Gesangbuch die Liedtexte zum Thema „Angst und Vertrauen" und ordnen Sie Ihren Befund nach den verschiedenen Antwort-Strategien auf die Frage nach Gott und dem Leid.

T5
- Vergleichen Sie die „Theodizee" des Philosophen G. Leibniz mit der biblisch-theologischen Behandlung der Frage.
- Entwerfen Sie eine tröstliche Antwort für die Tsunami-Opfer des Titelbilds aus der Perspektive der Aufklärung.
- Schon in der Antike hat man angesichts des „malum metaphysicum" eine weltflüchtige Haltung eingenommen: Das irdische Leben sei eine Gefangenschaft, aus der nur der Tod befreit. – Nehmen Sie hierzu Stellung aus der Sicht eines Menschen, der an Gott, den Schöpfer, glaubt.

T6
- Ordnen Sie mithilfe des Textes die bisher erörterten Haltungen gegenüber der Theodizeefrage in ein aussagekräftiges Schema. Bewerten Sie die unterschiedlichen Wege und entwickeln Sie eine eigene Position.

T7
- Charakterisieren und diskutieren Sie den Versuch des Juden Hans Jonas, auch nach Auschwitz an der Vorstellung eines der Welt zugewandten Gottes festzuhalten.
- Vergleichen Sie Jonas' Ansatz eines sich selbst beschränkenden Gottes mit der Rolle, die Gott durch die Deisten der Aufklärung zugewiesen wird. Sind die befragten Jugendlichen (T1) ebenfalls Deisten?
- Ermitteln Sie, welche ethischen Konsequenzen Hans Jonas für den Menschen zieht.

T8
- Kreuz, Alpha und Omega sind Symbole, die für die christliche Beantwortung der Theodizeefrage entscheidend sind. – Arbeiten Sie heraus, wie sich die christliche Gottesvorstellung von Hans Jonas' Mythos unterscheidet.

- Untersuchen Sie das Welt- und Existenzverständnis von Röm 8,18–25 und bilden Sie sich ein Urteil, wie aus der Perspektive des Paulus über die Natur-Katastrophe von 2005 gesprochen werden müsste.
- Erschließen Sie den Bibeltext, indem Sie die Gegensatzpaare herausschreiben (z.B. Knechtschaft – Freiheit). Arbeiten Sie heraus, welches Verständnis der gegenwärtigen Natur Paulus leitet und in welchem Verhältnis der Mensch zu dieser Natur steht.
- Untersuchen Sie, in welchem Sinn Paulus eine Allmacht Gottes voraussetzt oder in Aussicht stellt.

Kompetenzen

Ich kann

- Röm 8,18–25 in lutherischer Tradition deuten

- das Grundproblem der **Theodizee** erläutern

- erklären, warum dieses Problem nur im Kontext der christlich-jüdischen Tradition auftritt

- anhand wichtiger Stellen aus dem Buch Hiob erläutern, wie die Theodizeefrage in der Bibel diskutiert wird

- Luthers Unterscheidung von „deus absconditus" und „revelatus" erklären und deutlich machen, welche Lösung daraus für die Theodizeefrage folgt

- am Beispiel von Leibniz und Jonas zeigen, wie dieses Problem in der Philosophie bearbeitet wird

- wesentliche Unterschiede zwischen Deutungen der Philosophie und der christlichen Deutung anhand von Grundsymbolen des Glaubens (Kreuz, Alpha und Omega) erklären.

- eine eigene Position in der Frage nach Gott und dem Leid formulieren und diskutieren

12 Gesundheit und Heil

Ego

von John von Düffel

Noch fünf Millimeter. Ich darf gar nicht daran denken, dass es am Anfang sieben waren – oder mehr, zu einer Zeit, als ich noch nicht gemessen habe! Eigentlich könnte ich ganz zufrieden sein. Aber ich bin's nicht. Ich will meinen Nabel auf Null bringen. Ich hasse es, in ein Loch zu starren, wenn ich mir meine Bauchpartie ansehe. Eine verdammte Grube. Oder ein Grübchen, mittlerweile. Es lenkt von meinen Bauchmuskeln ab. Ich muss unbedingt an meiner Nabeltiefe arbeiten.

Ich mache spontan fünfzehn Crunches in Superzeitlupe und schließe drei Sätze à zwanzig Liegestütze an. Klassisch und mit versetzten Armen. Man soll den Fitness-Impuls nie unterdrücken. Währenddessen schaue ich mir meine Oberarme an und meine Laune steigt. Ich bin kein Bizeps-Fanatiker. So ein Bizeps ist im Grunde nur eine Beule. Aber mein Trizeps ist wirklich sehenswert. Ein echter Reliefmuskel. Nichts modelliert einen Oberarm so eindrucksvoll wie ein gut trainierter Trizeps.

Ich stelle mich wieder vor den Spiegel. Auf den ersten Blick erscheint mein Nabel wie ausradiert. Meine Laune bessert sich zusehends. Ich bin ein großer Anhänger des ersten Blicks. Nichts ist mysteriöser als die Frage, wie man im ersten Augenblick auf einen anderen Menschen wirkt. Dazu muss man alles vergessen, was man von sich weiß. Man darf sich noch nie gesehen haben.

Ich starre eine Weile auf das Regal mit den Pflegeserien und versuche mich zu erinnern, wann, wo und warum ich was gekauft habe. Dann schwenke ich wie zufällig auf den Spiegel. Wieder nichts. Erst bei näherem Hinsehen entdecke ich meinen Nabel etwas unterhalb der mittleren Bauchmuskeln in meinem durchtrainierten Sixpack. Näheres Hinsehen zählt auch, aber nicht so wie der erste Blick, der Blickfang. Wenn man die Leute dazu bringt, näher hinzusehen, ist das Ziel schon so gut wie erreicht.

Im Großen und Ganzen kann ich mit dem Trainingsstand leben. Bis jetzt! Mein Nabel macht wirklich Fortschritte. Er ist nicht mehr das Loch, das er mal war. Wenn ich das Sixpack etwas anhebe, sieht man, dass er leicht schräg verläuft. An der Unterseite ist er ein wenig flacher. Weiter oben sinkt er um etwa zwei Millimeter ab – die Stelle, an der ich immer messe. Neu ist das Häutchen, das sich um den oberen Rand spannt. Dreieinhalb Monate hab ich gebraucht, um das herauszuarbeiten. Ein entscheidendes Detail, weil es den ganzen Nabel straff erscheinen lässt. Ich weiß nicht, ob es einen Namen dafür gibt. Sollte es aber!

Wie wäre es mit „Nabellid"?

Ein solches Nabellid ist eine echte Errungenschaft. Es unterscheidet einen durchtrainierten Nabel von den formlosen Kratern im Fleisch. Es zieht eine klare Grenze zwischen den schwammig weichen Bauchhöhlen und dem Nabel mit Kontur. Und es verleiht der ganzen Bauchpartie einen besonderen Charakter, wenn sich das Nabellid über dem Grübchen ein klein wenig wölbt. Nur eine Idee. Irgendwie wirkt das sehr raffiniert.

Ich bin von meinem Anblick hell begeistert und mache noch einmal fünfzehn Crunches in Supersuperzeitlupe, damit das so bleibt. Man muss absolut Athlet sein! Währenddessen schaue ich auf die Uhr, um sicherzugehen, dass ich vor lauter Euphorie nicht schneller werde. Crunches sind nur etwas wert, wenn man die Schwungkraft nicht ausnutzt und sämtliche Körperspannung aus den Bauchmuskeln holt.

Unter der Dusche plötzlich ein Anflug von Bedauern. Der Temperaturwechsler überzieht meine Haut mit heißkalten Nadelstichen, das Gefühl von Straffheit und kompakter Kraft. Ich könnte vor Fitness zerspringen. Der Nacken massiv, meine Brustmuskeln wie von Wasser glasiert, die Brustwarzen pfenniggroß und mehr als eine Handspanne auseinander, so wie ich es immer wollte. Mir ist nach Weinen zumute. Ich presse Daumen und Zeigefinger tief in die Augenhöhlen. Wasser prasselt auf meine Stirn und rinnt mir in den halb geöffneten Mund. Meine erste Vermutung ist, es könnte vielleicht ein verfrühter Schub von Erschöpfung sein. Dann wird mir klar, dass ich so deprimiert bin, weil mir im Moment niemand zusieht. Es ist einfach unglaublich schade.

John von Düffell (geb. 1966), deutscher Schriftsteller.

Völlig verkrampft

Der perfekte Körper ist zum Synonym für Glück geworden, die Wahrscheinlichkeit, unglücklich zu werden, liegt somit bei fast hundert Prozent.

Kaum einer, der noch daran glaubt, dass Models, die sich ohnehin schon einer unglaublichen Schönheitsauslese unterziehen mussten, so makellos sind, wie wir sie auf den Titelblättern von Zeitschriften sehen (wenngleich vielleicht nicht jeder weiß, dass allein in einer einzigen Ausgabe der amerikanischen *Vogue* rund 150 Bilder digital retuschiert und alle Models von jedem Pickel und jeder Falte befreit worden sind). (…) Das ist kein Geheimnis, das kann jeder nachlesen. Dennoch nehmen wir uns diese Avatare zu Vorbildern, eifern ihnen verzweifelt nach und glauben tatsächlich, dabei Herr unseres Willens zu sein, alle Schinderei freiwillig zu begehen und nicht in die Fangarme der Schönheitsindustrie geraten zu sein.

Das ist vielleicht das grundlegende Paradox des modernen Körperhasses. Es ähnelt zunehmend dem Rennen zwischen Hase und Igel: Mit jeder neuen Methode, einen echten Körper zu formen, zu operieren und zu verändern, hat die Bildbearbeitungstechnik schon wieder neue Wege gefunden, prominente Gesichter noch schöner, noch glamouröser, noch übermenschlicher zu gestalten. Der eigene Körper wird zum Feind, weil er sich nicht so stark formen lässt, wie wir es von ihm fordern. Und die Schuld daran suchen wir bei uns.

Schon sagen 40 Prozent aller Mädchen zwischen sechs und 16 Jahren, sie würden sich gern Fett absaugen lassen. Zwei Drittel aller Mädchen auf der ganzen Welt geben an, sie fänden es „schwierig, sich schön zu fühlen, wenn man mit den heutigen Schönheitsidealen konfrontiert ist". Jedes dritte Mädchen in Deutschland hat laut Robert-Koch-Institut „ein auffälliges Essverhalten".

Süddeutsche Zeitung Magazin 31/09

Finden Sie das nebenstehende Gesicht schön? – Kein Wunder! Denn es wurde mit Hilfe eines Computers berechnet und von Psychologen der Universität Regensburg so optimiert, dass es von möglichst vielen Menschen als möglichst attraktiv empfunden wird. *(www.beautycheck.de)*

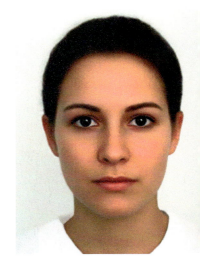

Sie möchten so einen Körper haben wie der Mann auf Seite 147? Vergessen Sie's. Das geht nicht. Nahezu jedes Foto in den Zeitschriften ist heute digital bearbeitet; Fotos, auf denen nackte Körper zu sehen sind, sogar ganz sicher.

- Jede dritte Frau in Deutschland findet ihren Bauch zu dick und mag ihre Beine nicht.
- Mit 17 hat jedes zweite Mädchen schon eine Diät gemacht und gibt zu, beim Essen negative Gedanken zu haben. Die Rückfallquote bei Diäten liegt bei 97 Prozent.
- Ein Viertel der befragten Mädchen würde eine Schönheitsoperation – trotz Risiken – als Geschenk annehmen und an sich ausführen lassen.
- Mehr als ein halbe Million Schönheitsoperationen werden pro Jahr in Deutschland durchgeführt, weltweit werden dabei 120 Milliarden Euro pro Jahr umgesetzt.

T3

Leben ist kostbar

von Gunda Schneider-Flume

T4

Leben ist kostbar, zum Genießen und zur Freude. Auch die Brüche und Verkehrungen, die Zerstörungen und Gefährdungen können die Freude am Leben nicht verdrängen. Etwas vom Schöpfungsmorgen und von Auferstehung schwingt mit bei der Freude über Leben wie bei der Geburt eines Kindes.

Aber Leben kann auch Fluch sein, zu schwer zum Tragen, nur noch Klage provozierend: „Ausgelöscht sei der Tag, an dem ich geboren bin, und die Nacht, da man sprach: Ein Knabe kam zur Welt!", klagt Hiob. Doch erinnert nicht die Klage noch daran, dass Leben auch anders sein kann?

Hiob 3,3

Lebendigkeit, Bewegung, Veränderung, Wachstum, Entwicklung lassen sich biologisch bestimmen als Stoffwechsel, Fortpflanzung und Veränderlichkeit, Leben als offenes System. Aber im Blick auf die menschliche Erfahrung bleibt Leben ambivalent: Freude oder Fluch, Verhängnis, in das ein Mensch geworfen ist, oder Geschenk.

Diese bedrohliche Ambivalenz drängt zu der Frage nach dem Gelingen des Lebens. Unter welchen Bedingungen, aufgrund welcher Anforderungen kann Leben gelingen?

Im Zeitalter von Fitness und Wellness gelingt Leben, solange man jung, sportlich, gesund und fit ist. Jede Einschränkung oder gar Behinderung ist Infragestellung des Gelingens. Unter der Herrschaft des Slogans „Hauptsache gesund" werden Einschränkungen der physischen, psychischen oder geistigen Kräfte als totale Bedrohung gelingenden Lebens erfahren. Das hat Folgen für die Beurteilung

Gunda Schneider-Flume, deutsche evangelische Theologin.

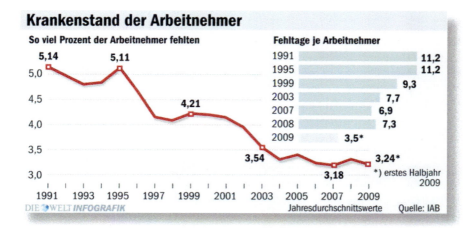

Was bei Jugendlichen „in" ist

Aktien	26 %	Markenkleidung tragen	79 %
An etwas glauben	59 %	Sich selbstständig machen	62 %
Bioläden	32 %	Sich in Politik einmischen	29 %
Bürgerinitiativen	27 %	Studieren	70 %
Drogen nehmen	29 %	Technik	80 %
Europa	64 %	Toll aussehen	92 %
Heiraten	41 %	Treue	78 %
Karriere machen	84 %	Verantwortung übernehmen	68 %

Mehrfachnennungen waren möglich; Shellstudie 2006

aller Kranken und insbesondere behinderter Menschen am Lebensanfang und für die Beurteilung von Menschen mit schwindenden geistigen und körperlichen Kräften am Lebensende. Nach der Devise „Was eingeschränkt ist, kann schwerlich gelingen", wird Leben rasch abgeschrieben oder als nicht mehr lebenswert und menschenwürdig verurteilt.

Nun kann es freilich nicht darum gehen, die Rede vom Gelingen und, nicht zu vergessen, die oft unterschlagene Rede vom Misslingen, aus der Besinnung auf menschliches Tun und Lassen, aus individueller Lebensplanung und Gestaltung ganz und gar zu verbannen.

Aber die Befähigung dazu, Pläne erfolgreich zu verwirklichen und Unternehmen zum Gelingen zu verhelfen oder auch misslingen zu lassen, berechtigt nicht dazu, das Leben selbst als Ganzes unter das Urteil des Gelingens zu stellen und damit die Tyrannei des gelingenden Lebens als alles beherrschend zu etablieren.

Leben ist nicht gut, weil oder wenn es „gelingt". Die Bedingung schafft nicht die Güte, sie provoziert lediglich die Leistung oder die Angst vor Versagen und Misslingen. Aber es gilt: Weil Leben bedingungslos kostbar ist, unendlich kostbar, vermögen Menschen aus der Fülle des Lebens und ihrer eigenen Kräfte heraus durchaus zu gestalten und zu verwirklichen, was sie mitunter als gelungen beurteilen. Das Leben selbst aber, das Leben eines jeden Menschen ist dem Totalurteil von Gelingen und Misslingen entzogen.

„gelingen", S. 124

Gesund sein – krank sein

Krankheit als Zeichen für verletzte Ordnung

In Antike und Mittelalter, wie auch heute bei Naturvölkern wird die Krankheit als Symptom einer gestörten Beziehung des einzelnen Menschen zur Ordnung des Ganzen gesehen. Krankheit ist Zeichen für **Sünde**, Folge eines Fluchs, Rache eines Dämonen. Ohne die Wiederherstellung der Harmonie kann die Krankheit nicht bekämpft werden.

Krankheit als physiologische Funktionsstörung

In der westlichen Moderne wird Krankheit als Störung eines Organs oder Körperteils gesehen und behandelt. Der Mensch als Person wird dabei weithin ausgeklammert. Tabletten, Apparate, Operationen sollen die physikalisch-chemische Krankheitsursache beseitigen und die Funktion wiederherstellen.

Krankheit als psycho-sozio-somatische Erscheinung

Heute geht man immer stärker von einem erweiterten Bild des Menschen aus, der in seiner sozialen Umwelt eingebettet eine leib-seelische Einheit darstellt. Krankheiten entwickeln sich daher sowohl aus sozialen, seelischen, wie auch aus rein körperlichen Ursachen. Immer spielt aber das Zusammenwirken der verschiedenen Ebenen eine Rolle und ist bei der Therapie zu berücksichtigen.

Helfen und Heilen
von Hermann Barth

Wer schon einmal die Hansestadt Lübeck besucht hat, der wird vermutlich auch am oder sogar im Heilig-Geist-Hospital gewesen sein. Das Lübecker Hospital, das im 13. Jahrhundert entstanden ist und zu den in Europa besterhaltenen mittelalterlichen Spitälern gehört, ermöglicht bis zum heutigen Tag eine lebendige Anschauung von den Verhältnissen damaliger Armenfürsorge und Krankenpflege. Aus dem Jahr 1263 ist eine Hospitalordnung erhalten. Sie legt fest, dass Kranke barmherzige Aufnahme finden sollen, um die notwendige Pflege zu erhalten.

Hermann Barth (geb. 1945), deutscher evangelischer Theologe, Mitglied im Deutschen Ethikrat.

Rudolf Virchow, der bedeutende Wissenschaftler und Sozialpolitiker in der zweiten Hälfte des 19. Jahrhunderts, hat von der Ausbreitung der Spitäler im Mittelalter gesagt, „dass man in ihr die Grundlage des modernen Krankenhauswesens suchen darf". Die Einrichtung von Spitälern – ganz gleich ob dies durch christliche Bruderschaften, durch Orden oder, wie in Lübeck, durch die Bürgerschaft geschah – galt als ein Werk der Barmherzigkeit und gehört darum in die Wirkungsgeschichte des Gebots der Nächstenliebe.

Dass das Gebot der Nächstenliebe in besonderer Art die Zuwendung zu den Kranken einschließt, ergibt sich in der christlichen Tradition schon daraus, dass von Jesus zahlreiche Krankenheilungsgeschichten überliefert sind. Im Matthäusevangelium heißt es über seine Wirksamkeit summarisch: „Und Jesus zog umher in ganz Galiläa, lehrte in ihren Synagogen und predigte das Evangelium von dem Reich und heilte alle Krankheiten und Gebrechen im Volk" (4,23). Entsprechend lautete dann auch der Auftrag, den Jesus seinen Jüngern bei ihrer Aussendung gab: „Geht aber und predigt und sprecht: Das Himmelreich ist nahe herbeigekommen. Macht Kranke gesund, weckt Tote auf, macht Aussätzige rein, treibt böse Geister aus" (Matthäus 10,7f).

Eine besondere Rolle bei der Ausrichtung der Nächstenliebe auf die Zuwendung zu den Kranken spielt aber noch das Gleichnis, das Jesus über das Weltgericht erzählt (Matthäus 25,31–46). In diesem Gleichnis scheidet der zum Weltgericht wiederkehrende Christus die vor seinem Thron Versammelten voneinander, „wie ein Hirt die Schafe von den Böcken scheidet". Zu denen zu seiner Rechten sagt er dann: „Kommt her, ihr Gesegneten meines Vaters, ererbt das Reich, das euch bereitet ist von Anbeginn der Welt! Denn ich bin hungrig gewesen, und ihr habt mir zu essen gegeben. Ich bin durstig gewesen, und ihr habt mir zu trinken gegeben. Ich bin ein Fremder gewesen, und ihr habt mich aufgenommen. Ich bin nackt gewesen, und ihr habt mich gekleidet. Ich bin krank gewesen, und ihr habt mich besucht. Ich bin im Gefängnis gewesen, und ihr seid zu mir gekommen."

Das heißt: In jedem Not leidenden Menschen, darum auch in jedem kranken Menschen, der Hilfe braucht, begegnet mir Gott selbst. Auf dieses Gleichnis geht im übrigen der Gedanke von den sieben Werken der Barmherzigkeit zurück: Hungrige speisen, Durstigen zu trinken geben, Fremde aufnehmen, Arme mit Kleidung versorgen, Kranke pflegen, Gefangene besuchen und – dieses siebte Werk wurde hinzugefügt – Tote begraben.

Kreuzigung. Isenheimer Altar von Matthias Grünewald, 1506–1515

T7 Der Altar wurde für die Kapelle eines Spitals des Antoniter-Ordens geschaffen, zu dessen Aufgaben die Krankenpflege gehörte. Die Mönche nahmen sich der vielen Kranken an, die durch eine tödliche Kornvergiftung an stark brennenden Schmerzen litten, sie pflegten aber auch Pestkranke. Der Kranke wurde zu Beginn der medizinischen Behandlung vor den Altar geführt, weil man dem Bild eine heilende, stärkende Wirkung zuschrieb, als „quasi medicina". Eine Hoffnung auf Heilung gab es bei diesen Krankheiten nicht. Der Trost des Altarbildes lag ganz darin, dass der Gottessohn selbst sich den körperlichen Schmerzen nicht entzogen hatte und dass der Christ hoffen kann, dass Gott ihn zu sich holen wird, wie er es mit Jesus getan hat.

Das Kreuz Christi ist kein Symbol für gelingendes Leben

von Gunda Schneider-Flume

T8 Glaube ist der Mut des Widerstands gegen Leiden und Schicksal, der Mut, ohne Garantie des Gelingens und der Sinntotalität sich festhalten zu lassen im Horizont der Geschichte Gottes. Das Kreuz Jesu Christi kann man nicht als **Symbol** für gelingendes Leben auffassen. Und der Glaube an die **Auferstehung** macht das Kreuz nicht rückgängig oder überflüssig. Aus beidem lernt der Glaubende aber, sich auch in vermeintlicher Gottverlassenheit auf Gottes rettende Macht zu besinnen. Wenn er das tut, wird kein Wunder geschehen, das alles wieder gut sein lässt, aber er wird vielleicht den Mut dazu finden, die nächsten kleinen Schritte zu gehen.

„Kreuz", S. 103, 139

Gott garantiert ihm kein gelingendes Leben, noch nicht einmal die Sicherheit, dass alles Leiden einen Sinn hat und aus der Perspektive Gottes nicht zählt. Es ist eher so, dass für denjenigen, der aufsteht und sich auf den Weg macht, sich in ganz kleinen Dingen wieder ein Sinn des Lebens zeigen kann. Das Leben wird wieder transparent daraufhin, dass es Geschenk und Gnade ist.

Jesus als gebrochenes Vorbild
von Henning Luther

Wenn im Christusglauben Jesus als der exemplarische Mensch verstanden werden kann, dann ist auch und vor allem die **Fragmentarität** (Bruchstückhaftigkeit) seines Lebens exemplarisch. Exemplarisch ist das Leben Jesu, das in der Passion endet, vor allem durch
5 seinen Tod. Durch die gewaltsame Kreuzigung ist Jesu Leben grundlegend als fragmentarisch zu sehen. Der Auferstehungsglaube widerruft dies nicht.
  Im Glauben an Kreuz und **Auferstehung** erweist sich, dass Jesus nicht insofern exemplarischer Mensch ist, als er eine gelungene
10 Ganzheit vorgelebt hätte, gleichsam ein Held der Ich-Identität wäre, sondern er ist insofern exemplarischer Mensch, als in seinem Leben und Tod das Annehmen von Fragmentarität exemplarisch verwirklicht und ermöglicht ist.
  Dieses Annehmen der Fragmentarität des Lebens und der Verzicht
15 auf dauerhafte Ganzheit bestimmt denn auch Jesu Verkündigung selber.
  Bei der Begegnung mit einem Blindgeborenen hatten die Jünger ihn gefragt, ob dessen Blindheit auf eigene **Sünde** oder auf die Sünde seiner Eltern zurückzuführen sei. Bei Johannes
20 heißt es dann: „Jesus antwortete: Es hat weder dieser gesündigt noch seine Eltern, sondern es sollen die Werke Gottes offenbar werden an ihm." (Joh 9,3)
  Damit vollzieht Jesus eine radikale Umwertung der üblichen Bewertung. Die Schwäche, das Nicht-Ganz-
25 Sein der Blindheit wird gerade nicht als Mangel oder sündhafter Makel betrachtet, sondern positiv angenommen, weil sie als Ausdruck dafür steht, dass an ihm die Werke Gottes offenbar werden sollen. Auch findet sich der Verweis nach vorne, auf die ausstehen-
30 de Heilung und Vollendung, die eigentümlich ist für das Fragment. Das Fragment ist immer mehr als ein Bruchstück, weil es über sich hinausweist.
  Das Wesen des Fragments war nicht als endgültige Zerstörtheit oder Unfertigkeit verstanden, sondern als
35 über sich hinausweisender Vorschein der Vollendung. In ihm verbindet sich also der Schmerz immer zugleich mit der Sehnsucht. Im Fragment ist die Ganzheit gerade als abwesende anwesend. Darum ist es immer auch Verkörperung von Hoffnung.

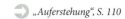
„Auferstehung", S. 110

Henning Luther (1947–1991), deutscher evangelischer Theologe.

Andreas Kasparek, 1998

Heilung und Heil – zum theologischen Verständnis von Krankheit und Gesundheit

aus dem evangelischen Erwachsenenkatechismus

Wir bekennen Gott als Quelle des Lebens, nicht als Garanten von Gesundheit.

Die Menschen der Bibel versuchen die Rätsel von Gesundheit und Krankheit so zu klären, dass sie von Gott reden. Das letztlich transzendente Heil kann in der geschehenen Heilung zeichenhaft und andeutungsweise erfahren werden. Und doch geht das Heil prinzipiell über das hinaus, was sich vorfinden lässt.

Leben und Gesundheit sind Geschenk.

Leben ist immer geschenkt, und zwar nicht nur im einmaligen Akt der Geburt, sondern immer wieder.

Leben ist Fragment.

Aus dieser Perspektive ist die Vorstellung, etwas sei perfekt und vollkommen fehlerfrei, irreal und künstlich. In der Natur wie in unserem Leben ist alles endlich, vorläufig und brüchig. Dies zu akzeptieren, ist für die Bibel wie auch für andere Religionen ein wichtiger Bestandteil der Lebensweisheit: „Lehre uns bedenken, dass wir sterben müssen, auf dass wir klug werden." (Ps 90,12)

Leiden ist Bestandteil des Lebens.

Wenn aber Leiden Bestandteil des Lebens ist, dann bedeutet es nicht in jedem Fall Minderung von Leben und Lebensqualität, sondern u.U. sogar dessen Bereicherung und Vertiefung.

Leid und Schmerz werden einmal nicht mehr sein.

Jesus setzte mit seinen Heilungen Zeichen für das Heil. Er sandte auch seine Jünger aus, „zu predigen das Reich Gottes und die Kranken zu heilen"(Lk 9,2). Wenn Christen mit den Worten Jesu Gott um das Kommen seines Reiches bitten, ist damit nicht eine bloße Verlängerung dieses Daseins gemeint. Vollends die Begegnung mit dem Auferstandenen, der den Tod besiegt hat, stärkt die Hoffnung auf ein ewiges Leben: „Gott wird abwischen alle Tränen von ihren Augen, und der Tod wird nicht mehr sein, noch Leid, noch Geschrei, noch Schmerz wird mehr sein; denn das Erste ist vergangen" (Offb 21,4).

„Auferstehung", S. 109

Aufgaben

Abbildungen haben keine eigene Nummerierung; sie werden in die Zusammenhänge der Aufgaben zum Text (T1 …) eingebettet.

Titelbild und T1:
- **T1** – Charakterisieren Sie das Ich des Textes und arbeiten Sie die satirische Absicht heraus.
  - „Die Leidenschaft für Fitness und Gesundheit gibt dem Menschen das Gefühl von Macht. Der eigene Körper wird zum Objekt kunstvoller und willensgesteuerter Gestaltung." – Setzen Sie sich mit dieser These auseinander. Beziehen Sie T1 und das Titelbild in Ihre Überlegungen mit ein.
  - Gestalten Sie eine Bild- / Textcollage zum Thema „Schönheit im Wandel". Kommentieren Sie diese mit einer Analyse: Wie entsteht Mode, wie vergeht sie?
  - Setzen Sie die einzelnen Texte und Schlagworte der Doppelseite zueinander in Beziehung und arbeiten Sie eine These oder Frage heraus, auf die sie alle hinauslaufen.
- **T2** – Kommentieren Sie: Was sagt das über eine Gesellschaft aus, wenn jedes dritte junge Mädchen ein „auffälliges Essverhalten" zeigt?
- **T3** – Argumentieren Sie aus der Sicht des christlichen Glaubens für oder gegen den Körperkult. Belegen Sie Ihre Position mit Grundaussagen aus Glaubenstradition und Bibel.
  - Entwickeln Sie Regeln zum Umgang mit dem eigenen Körper aus der reformatorischen Rechtfertigungslehre.
- **T4** – Das Buch von Gunda Schneider-Flume „Leben ist kostbar" trägt den Untertitel: „Wider die Tyrannei des gelingenden Lebens". Arbeiten Sie den Vorstellungszusammenhang dieses Untertitels heraus.
  - Bewerten Sie den Slogan „Hauptsache gesund" aus der Perspektive der Rechtfertigungslehre.
  - Interpretieren Sie die Grafik und setzen Sie den Verlauf der kurve in Relation zur allgemeinen wirtschaftlichen Entwicklung der letzten Jahre. Ergänzen Sie neuere Zahlen.

- Überprüfen Sie die Ergebnisse der Shellstudie, indem Sie selbst eine Umfrage machen. Vergleichen Sie die Ergebnisse und kommentieren Sie sie. Was bedeutet das „In"-Sein vor dem Hintergrund der Frage nach „gelingendem Leben"?
- **T5** – a) Arbeiten Sie den Fortschritt heraus, der in den drei geschilderten Auffassungen von Krankheit sichtbar wird.
  - b) Analysieren Sie Jesu Verständnis von Krankheit anhand einiger Heilungsgeschichten des Neuen Testaments (z.B. Mk 2,1–12 und Joh 9,1–7).
  - Vergleichen Sie Ihre Ergebnisse aus a) und b) miteinander. Beziehen Sie T9 in Ihre Überlegungen mit ein.
- **T6** – Ist Nächstenliebe ein Gebot und Krankenpflege eine christliche Verpflichtung? – Argumentieren Sie theologisch, indem Sie auf die Ergebnisse der Kapitel 8 (Kreuz) und 11 (Theodizee) zurückgreifen.
  - Untersuchen Sie Matthäus 25,31–45: Wie weit reicht die Identifizierung Gottes mit dem Leidenden? Welche Rolle wird dem Menschen zugedacht?
  - Entwerfen Sie einen Pressetext zum Selbstverständnis eines modernen diakonischen Werks. Recherchieren Sie hierfür im Internet bei „Diakonie", „Caritas", „Arbeiterwohlfahrt", „Bahnhofsmission" o.Ä. und prüfen Sie, wie weit Glaubensinhalte im Selbstverständnis eine Rolle spielen.
- **T7** – „Ist das Kreuz ein negatives Symbol?" – Beantworten Sie diese Frage (auch schon Kapitel 8) neu im Angesicht des Isenheimer Altars und auf dem Hintergrund von T7.
  - Für die Ausstattung eines neuen Krankenhauses sollen u.a. Bilder ausgewählt und gekauft werden. – Entwickeln Sie ein Konzept.
  - Titelbild und Isenheimer Altar können als Ikonen, also innere, verdichtete Bilder angesehen werden. Ermitteln Sie im Vergleich, wofür sie stehen (Lebensstil, Hoffnung, Ängste, Erfahrungen).

T8
- Der Glaube erleichtert die Suche nach dem Gelingen des Lebens. – Sammeln Sie Erfahrungen und Argumente für diese werbende Aussage.
- Konfrontieren Sie das Ergebnis mit den Feststellungen von T8.

T9
- „Jesus als exemplarischer Mensch" – Erklären Sie, was damit gemeint ist und in welcher Weise Jesus als Vorbild verstanden werden kann.
- Veranschaulichen Sie den Unterschied zwischen „Bruchstück" und „Fragment" anhand einer Beispielgeschichte.
- Setzen Sie das abgebildete Kreuz in Beziehung zu dem Text von Henning Luther.

T10
- Ordnen Sie die Texte des Kapitels den Thesen aus dem Erwachsenenkatechismus zu, sodass erkennbar wird, wo Sie welchen Gedanken wiederfinden. Stellen Sie anschließend fest, wo T10 Ihnen Neues bringt.
- Nehmen Sie abschließend Stellung zu der Frage, ob körperliches Heil, Gesundheit / Krankheit und Schönheit überhaupt Themen sind, die den christlichen Glauben unmittelbar betreffen.

Kompetenzen

Ich kann

- Beispiele für das gesellschaftliche Ideal des gesunden, schönen und perfekten Menschen nennen und diese auf die zugrunde liegenden Motive hin analysieren

- aufzeigen, wie das jeweilige Menschenbild einer Gesellschaft ihre Vorstellungen von „Gesundheit" und „Krankheit" beeinflusst, und ein christliches Menschenbild kritisch dazu in Beziehung setzen

- darstellen, wie christlicher Schöpfungs- und Rechtfertigungsglaube das Verhältnis des Menschen zu seinem irdischen Heilsein bestimmt

- biblisch begründen, warum Christen die Zuwendung zu Kranken als ihre besondere Verpflichtung anerkennen

- am **Symbol** des Kreuzes deutlich machen, dass für Christen auch gebrochenes Leben Hoffnung in sich trägt

- zu der Frage Stellung nehmen, was ich vom Leben erhoffe und was mir in Lebenskrisen Hoffnung und Zuversicht geben kann

13 Sterben in Würde – Sterbehilfe?

Bild 1: Eluana … seit 15 Jahren und 6 Monaten in einem permanenten vegetativen Zustand
Bild 2: Sie wartet auf ein klares und endgültiges Urteil
Bild 3: Über die Freiheit, eine ärztliche Behandlung abzulehnen
Bild 4: Lassen wir die geretteten Seelen frei

Der Fall Eluana Englaro

Am 18. Januar 1992 kommt ein Auto in der Nähe von Lecco in Norditalien bei glatter Fahrbahn von der Straße ab und prallt gegen eine Mauer. Am Steuer sitzt die 21-jährige Eluana Englaro, die beim Aufprall schwer verletzt wird.

Die Ärzte können ihr Leben retten, aber die Patientin erlangt das Bewusstsein nicht mehr. Ihre Eltern finden sie in einem Wachkoma vor: Sie atmet, wacht und schläft, wird mithilfe einer Magensonde künstlich ernährt, verdaut, schlägt die Augen auf, lächelt manchmal, altert – 17 Jahre lang.

Ihr Vater Beppino Englaro, der sie fast täglich besucht, sagt, weil es nicht möglich ist, mit ihr zu kommunizieren, sei sie für ihn wie tot. „Für uns, für mich und meine Frau, ist unsere Tochter am Tag des Unfalls gestorben."

In den letzten Jahren hat er daher große Anstrengungen unternommen, die Erlaubnis dafür zu erhalten, ihre künstliche Ernährung abzubrechen.

Vor ihrem Unfall hatte Eluana nach Angaben von Freunden und Angehörigen betont, dass sie in einem solchen Fall lieber sterben wolle. Trotzdem gab es in Italien eine ganze Reihe sich widersprechender Gerichtsentscheide zur Frage, ob die künstliche Ernährung abgebrochen werden darf. Selbst der Papst Benedikt XVI. nahm dazu Stellung. Ohne Eluana beim Namen zu nennen, betonte er „die absolute und oberste Würde jedes Menschen", auch wenn er „schwach und in das Mysterium des Leids gehüllt" ist.

Am Ende hat der Mailänder Verwaltungsgerichtshof Ende Januar 2009 die Beendigung der künstlichen Ernährung erlaubt. Daraufhin brachte die konservative Regierung in letzter Minute ein Dekret ein, das diesen Entscheid aufheben sollte, aber der Staatspräsident verweigerte seine Unterschrift.

Der Versuch der Regierung, mit einem eigenen Gesetz Eluana am Leben zu halten, scheiterte. Früher als von den Ärzten erwartet, ist sie nach langem Koma im Alter von 38 Jahren gestorben.

wunsch
den jedermann teilt
gebet von gebetlosen auch:
daß der tod uns einst treffe
plötzlich und sanft
von einer sekunde zur andern

leichter behender
wie gemsen im fels
wie fische im meer
ließe sich leben
wüßten wir diesen
wunsch uns gewährt

Kurt Marti

Die Rechtslage in Deutschland

Passive Sterbehilfe

Jeder Mensch kann eine Therapie ablehnen. Die Begrenzung der Therapie auf Anweisung des Patienten ist für den Arzt bindend, auch wenn dies zum Tode führt.

Indirekte Sterbehilfe

Eine schmerzlindernde Behandlung führt zu einer Lebensverkürzung, die billigend in Kauf genommen wird. Diese Form von Palliativ-Medizin ist rechtlich nicht zu beanstanden.

Assistierter Suizid

Aktive Mithilfe an der Selbsttötung eines Menschen bleibt straffrei, wenn die aktive Tatherrschaft beim Patienten liegt. Macht sich der Arzt dabei einer unterlassenen Hilfeleistung schuldig?

Aktive Sterbehilfe

Bei dieser liegt die Tatherrschaft in der Hand des Helfers; eine Tötung auf Verlangen ist nach § 216 StGB strafbar. Eventuell könnte man die Tat jedoch als Handeln in einem Notstand (§ 34 StGB) ansehen, das straflos bleibt.

Glaubens-Argumente

von Hans Küng

Das menschliche Leben sei „Geschenk der Liebe Gottes", sei Gottes „Gabe", sagt man mir und deshalb unverfügbar. Das ist richtig und bleibt wahr. Aber das andere ist auch wahr: Das Leben ist nach Gottes Willen zugleich auch des Menschen Aufgabe und so in unsere eigene (nicht fremde!) verantwortliche Verfügung gegeben: eine **Autonomie**, die in **Theonomie** gründet.

Des Menschen Leben sei allein Gottes **„Schöpfung"**, so fügt man hinzu. Aber ist es nach des Schöpfers Willen nicht zunächst freiwillige „Schöpfung" der Eltern, und gerade so von Anfang an – eine neue Erfahrung unserer Zeit – in des Menschen Verantwortung gestellt?

Der Mensch müsse aber bis zum „verfügten Ende" durchhalten, so wird repliziert. Aber ich frage zurück: Welches Ende ist denn verfügt? Verfügt wirklich Gott die Reduktion des menschlichen Lebens auf rein biologisches Leben?

Die „vorzeitige" Rückgabe des Lebens sei ein menschliches Nein zum göttlichen Ja, sei eine „Zurückweisung der Oberherrschaft Gottes und seiner liebenden Vorsehung". Solches käme gleich der „Verletzung eines göttlichen **Gesetzes**", einer „Beleidigung der Würde der menschlichen Person", einem „Verbrechen gegen das Leben", ja, einem „Anschlag gegen das Menschengeschlecht".

Hinter solchen und ähnlichen Argumenten („Souveränitätsargument") steht ein schiefes Gottesbild, das auf einseitig ausgewählten und wörtlich genommenen Bibeltexten beruht: Gott als der einfach über den Menschen, seinen Knecht, souverän verfügende Schöpfer, sein unbeschränkter Herr und Besitzer, absoluter Herrscher, Gesetzgeber, Richter und im Grunde auch Henker. Nicht aber Gott als der Vater der Schwachen, Leidenden, Verlorenen, der dem Menschen Leben spendet und ihn wie eine Mutter umsorgt, der solidarische Bundesgott, der den Menschen, sein Ebenbild, als einen freien, verantwortlichen Partner haben will!

Hans Küng (geb. 1928), Theologe, Autor und katholischer Priester.

„Versöhnung", S. 104

Wenn Menschen sterben wollen

Ein Beitrag des Rates der Evangelischen Kirche in Deutschland

T5

Das Problem des assistierten Suizids berührt Grundfragen des Verständnisses von Leben und Sterben des Menschen. Das betrifft immer auch das Verständnis des je eigenen Lebens und Sterbens. In christlicher Perspektive geht es hier um die Frage, ob man dieses
5 im Sinne eines Sich-führen-Lassens begreifen kann, auch im Falle einer schweren, zum Tode führenden Erkrankung mit allem, was sie an Leiden und Abhängigkeit von anderen bedeutet, und ob der assistierte Suizid in dieser Sicht eine mögliche Option sein kann. Das betrifft ebenso die Sicht, die andere auf ihr Leben haben, und
10 den Respekt, der dieser Sicht geschuldet ist. Und es betrifft das gesamtgesellschaftliche Verständnis von Leben und Sterben, das sich nicht zuletzt im Verständnis des ärztlichen Berufs und im ärztlichen Ethos zeigt.
   Das Recht hat die Aufgabe, das Zusammenleben von Menschen
15 mit unterschiedlichen Lebensauffassungen zu ordnen. Dabei muss es fundamentalen ethischen Gesichtspunkten Rechnung tragen, die für bestimmte gesellschaftliche Bereiche und Tätigkeiten gelten. Hieraus ergibt sich die schwierige Balance, die das Recht in der Frage der ärztlichen Beihilfe zur Selbsttötung zu wahren hat. Im
20 Falle der expliziten rechtlichen Verankerung der Möglichkeit des ärztlich assistierten Suizids müsste aufgrund der über die Regelung des Einzelfalls hinausgehenden gesellschaftlichen Signalwirkung des Rechts mit erheblichen negativen Auswirkungen auf das ärztliche Ethos und das Verständnis des ärztlichen Berufs gerechnet
25 werden. Dies bliebe nicht ohne Auswirkungen auf das gesellschaftliche Verständnis von Leben und Sterben.
   Gerade das ärztliche Handeln im Zusammenhang mit dem Sterben ist ein Beispiel dafür, dass es Bereiche gibt, die sich rechtlich nicht regeln lassen, ohne dass damit über die konkrete Regelung
30 des Sachverhalts hinaus allgemeine gesellschaftliche Veränderungen, die mit der Regelung nicht intendiert waren, bewirkt werden. Die gesetzliche Regelung wirkt nicht nur auf das ärztliche Ethos, sondern die Haltung der Gesellschaft zu Leben und Sterben und die Verantwortung der Menschen füreinander im Zusammenhang
35 mit dem Sterben kann sich dadurch grundlegend ändern. Daher sollte von einer solchen Regelung der ärztlichen Suizidbeihilfe abgesehen werden.
   Hier ist vielmehr die Rechtsprechung gefordert. Nur sie kann den schwerwiegenden Konfliktlagen, in die Ärztinnen und Ärzte gera-
40 ten können, im konkreten Einzelfall angemessen Rechnung tragen.

Einigkeit sollte darüber bestehen, der geschäftsmäßigen Suizidbeihilfe in Gestalt von Sterbehilfeorganisationen, die sich dieser Aufgabe verschrieben haben, möglichst bald einen rechtlichen Riegel vorzuschieben.

Menschenwürdig sterben dürfen

von Hans Küng

T6

Gerade weil ich davon überzeugt bin, dass mit dem Tod nicht alles aus ist, ist mir nicht so sehr an einer endlosen Verlängerung meines Lebens gelegen – schon gar nicht unter nicht mehr menschenwürdigen Bedingungen. Gerade weil ich davon überzeugt bin, dass mir ein anderes, neues Leben bestimmt ist, sehe ich mich als Christ von Gott selber in die Freiheit versetzt, über mein Sterben, über Art und Zeitpunkt meines Todes – soweit mir dies geschenkt wird – mitzubestimmen. Gewiss: Die Frage nach dem menschenwürdigen Sterben darf auf keinen Fall auf die Frage der aktiven Sterbehilfe reduziert werden; aber sie darf auch nicht davon losgekoppelt bleiben. Zum menschenwürdigen Sterben gehört auch eine menschenwürdige Verantwortung für das Sterben – nicht aus Misstrauen und Überheblichkeit gegenüber Gott, sondern aus unerschütterlichem Vertrauen in Gott, der kein Sadist ist, sondern der Barmherzige, dessen Gnade ewig währt.

Wenn wir also einmal alle Beziehungen zu Menschen und Dingen abbrechen müssen, gewiss gestützt und geholfen von allen Künsten der Ärzte, und getröstet (für die, die es wünschen) von den Sakramenten der Kirche, dann bedeutet dies für den glaubenden Menschen einen Abschied von den Mitmenschen, einen Abschied nach innen, eine Einkehr und Heimkehr in seinen Urgrund und Ursprung, seine wahre Heimat: ein Abschied vielleicht nicht ohne Schmerz und Angst, aber doch in Gefasstheit und Ergebenheit, jedenfalls ohne Gejammer und Wehklage, auch ohne Bitterkeit und Verzweiflung, vielmehr in hoffender Erwartung, stiller Gewissheit und (nachdem alles zu Regelnde geregelt ist) beschämter Dankbarkeit für all das Gute und weniger Gute, das nun endlich definitiv hinter uns liegt – Gott sei Dank. Ein solches Sterben in Gott hinein, im Bewusstsein beschämter Dankbarkeit – das schiene mir das zu sein, was wir vertrauensvoll erhoffen dürfen: ein wahrhaft menschenwürdiges Sterben.

Ansätze der ethischen Beurteilung

Absoluter Schutz des Lebens

Menschliches Leben ist prinzipiell unverfügbar. Niemand hat das Recht, aus welchen Gründen auch immer, ein Leben zu beenden. Wenn diese Tabu-Grenze an einer Stelle überschritten wird, sind die Folgen unabsehbar.

Gesellschaftliche Verantwortung

Aktive Sterbehilfe mag im Einzelfall ein verantwortbares Handeln sein; geschieht sie legal, so treten in jedem Fall Rückwirkungen auf die Rechtsordnung der ganzen Gesellschaft auf. Nur bei klarer und enger Definition der Voraussetzungen und konsequenter Kontrolle ist es möglich, den Einzelnen vor Einflussnahme Dritter und vor sich selbst (Panikentscheidungen) zu schützen.

Ethische Einzelfälle

Keine Gesellschaft kann auf konsequenten und lückenlosen Schutz des Lebens verzichten. Im Einzelfall können aber Situationen auftreten, die von den Beteiligten (z.B. Ärzten, Angehörigen) Entscheidungen verlangen, die nicht im Vorhinein juristisch abgesichert werden können. Die Gewissensentscheidung im Einzelfall sollte durchaus geprüft, aber wenn möglich straflos akzeptiert werden.

Individuelle Autonomie

Jeder Mensch hat das Recht, alleine über sein Leben zu entscheiden. Wenn ein Mensch aus freien Stücken sein Leben beenden möchte, kann er andere z.B. einen Arzt darum bitten, ihm bei der Ausübung seines Freiheitsrechtes zu helfen. Die Gesellschaft hat nicht das Recht, die Selbstbestimmung des Einzelnen zu beschneiden, solange er keinen anderen damit schädigt.

Zur Diskussion

 T8

Todkranke Menschen wollen in **Wirklichkeit** nicht sterben, sondern sie wollen menschliche Zuwendung, gute Pflege und eine schmerzstillende medizinische Versorgung. Erhalten sie dies, verschwindet der Wunsch nach dem Tod sofort.

Immer mehr Menschen werden sehr alt. Ihre medizinische Versorgung wird immer aufwendiger und teurer. Die immensen Kosten der letzten Lebensjahre werden von der Gesellschaft immer stärker als sinnlose Investition angesehen.

Leben heißt nicht bloß biologisches Lebendigsein. Leben findet in Beziehungen, in Selbstständigkeit, Freiheit und in der Teilnahme an der Gemeinschaft statt. Wenn all dies nicht mehr möglich ist, ist der Wunsch, aus dem Leben zu scheiden, nachvollziehbar.

Erst wenn es die Möglichkeit zur aktiven Sterbehilfe gibt, werden Schwerkranke als eine Last empfunden, die nicht sein müsste. Diese Veränderung spüren die kranken Menschen als Druck.

Der Wunsch, seinen Angehörigen nicht zur Last zu fallen, ist nicht verwerflich. Wenn ein Mensch das Gefühl hat, sein Leben gelebt zu haben und nun Platz für andere machen zu wollen, soll man ihn nicht daran hindern.

Viele Menschen können sich in der letzten Phase ihres Lebens nicht mehr eindeutig äußern und sind sich vielleicht auch über ihre Wünsche nicht mehr ganz im Klaren. Wenn man sie danach fragt, ob sie sterben wollen, kann man keine freie, selbstbewusste Entscheidung erwarten.

Wenn ein Mensch den Wunsch äußert, sterben zu wollen, sollte sich niemand berechtigt dazu fühlen, diesen Wunsch als Hilferuf umzudeuten: Er will ja eigentlich etwas anderes. Dies stellt eine unzumutbare Bevormundung dar, auch wenn sie aus den besten Motiven erfolgt.

Die Folge von legaler Sterbehilfe werden Todeskliniken sein; Orte, in denen auf kommerzieller Basis Menschen getötet werden. Dort werden Ärzte arbeiten, deren Berufsbild alles auf den Kopf stellt, was bisher gegolten hat.

Wenn ein kranker Mensch wegen seines unerträglichen Leidens legal seinen Tod verlangen kann, stellt sich die Frage, ob das nur für körperliche oder auch für psychische Leiden gilt.

Das Verlangen nach der Legalisierung der Sterbehilfe kann eventuell auch so gedeutet werden, dass die Gesellschaft den Tod und das Leiden aus ihrem Blickfeld verdrängen möchte und dafür eine einfache und rasche Lösung sucht.

Grundsätze der Hospizarbeit

Ziel der Hospizarbeit ist es, für sterbenskranke Menschen ein Sterben in Würde, sowie größtmögliche Lebensqualität und Beschwerdefreiheit zu erreichen.

Der Sterbende soll in der Endphase seines Lebens nicht abgeschoben oder allein gelassen sein, sondern die Möglichkeit haben, sich von Familienangehörigen, Freunden und Helfern liebevoll betreuen und begleiten zu lassen, damit er sein Leben bis zuletzt würdevoll leben kann.

Der Hospizgedanke betrachtet das Sterben als einen Teil des Lebens und damit als einen natürlichen Vorgang, der weder verdrängt noch künstlich verlängert werden muss. Liebevolle Zuwendung kann diese Phase neu mit Sinn erfüllen und die Hoffnung stärken, dass der Tod nicht das letzte Wort haben muss.

Darum treten Menschen aus der Hospizbewegung überall in unserer Gesellschaft dafür ein, dass die Situation der Sterbenden nicht länger totgeschwiegen wird oder gar per aktiver Sterbehilfe aus der Welt geschafft wird: **Hospizarbeit** meint Sterbebegleitung, nicht Sterbehilfe oder Euthanasie! Sterbebegleitung will Hilfen im Sterben geben, nicht Hilfen zum Sterben.

Bei der Hospizarbeit geht es um die sensible Wahrnehmung der Wünsche und Bedürfnisse, der Ängste, Befürchtungen und Hoffnungen sterbender Menschen und ihrer Angehörigen, damit der Mensch bis zuletzt als Person ernst- und angenommen wird.

Allerdings: Das Leidvolle, das im Sterben und im Tod eines Menschen liegt, kann auch durch die Begleitung von Hospizhelfern nicht genommen werden. Es wird allenfalls erträglicher!

Kranke und Sterbende zu begleiten gehört naturgemäß zum christlichen Glauben. Eine Religion, die zur Grundaussage hat, dass das Leben stärker ist als der Tod, und die den Glauben an die **Auferstehung** predigt, muss Sterbende begleiten und versuchen ihnen Hoffnung zu geben.

Hospizarbeit als Sterbebegleitung achtet die religiöse Überzeugung des kranken Menschen. Darum werden Hospizhelfer ihre eigenen religiösen Überzeugungen niemanden aufdrängen, sie aber auch nicht verleugnen, wenn sie nach ihnen gefragt werden.

Um diese Ziele zu erreichen, sind in den letzten Jahren überall Hospizgruppen entstanden, die sich für die Umsetzung des Hospizgedankens einsetzen und engagieren.

„Diakonie", S. 154f.

Aufgaben

Abbildungen haben keine eigene Nummerierung; sie werden in die Zusammenhänge der Aufgaben zum Text (T1 …) eingebettet.

Titelbild und T1:
- Das Schicksal von Eluana Englaro erregte in Italien und – durch Internet und Presse – weit darüber hinaus großes Aufsehen. Entfalten Sie die ethischen Fragen, die dieser Fall aufwirft.
- Beurteilen Sie die Bildauswahl für dieses Kapitel. Vergleichen Sie mit anderen Möglichkeiten der Veranschaulichung des Sachverhalts.

T2
- Interpretieren Sie das Gedicht durch mehrfaches lautes Lesen mit unterschiedlicher Stimmführung.
- Entscheiden Sie begründet, ob es sich hier um einen „erfüllbar" oder „nicht erfüllbar" gedachten Wunsch handelt.
- Sammeln und ordnen Sie Todesanzeigen: nach Todesart, Stimmung, Aspekten des Schmerzes, die besonders hervorgehoben werden. Setzen Sie Ihren Befund in Beziehung zu Kurt Martis Wunsch.

T3
- Wenden Sie die in T3 dargelegten Grundsätze deutschen Rechts auf den Fall Eluana Englaro an und kommen Sie zu einem Urteil (Befragen Sie, wenn möglich, einen Juristen.).
- Prüfen Sie, welche Möglichkeiten, Sicherheiten und Risiken das rechtzeitige Ausfüllen einer Patientenverfügung bietet (Formulare im Netz, z.B. bei der Bundesärztekammer und dem Bundesjustizministerium).

T4
- Hans Küng setzt sich mit theologischen Argumenten gegen die Sterbehilfe auseinander. – Arbeiten Sie heraus, wo er den „Hebel" ansetzt und bewerten Sie Küngs Position. Beziehen Sie Überlegungen des Kapitels „Gesundheit und Heil" in Ihre Stellungnahme mit ein.

T5
- Erläutern Sie die Stellungnahme der EKD zum Problem des ärztlich assistierten Suizids, wie sie hier zum Ausdruck kommt, und gehen Sie auf die Rechtslage ein. Untersuchen Sie insbesondere die Spielräume, von denen in dem EKD-Papier die Rede ist.
- Erläutern Sie die Unterscheidung, die hier gemacht wird, zwischen individuellen und gesellschaftlichen Werten und Optionen.

T6
- Vergleichen Sie die Argumentation Küngs mit der der EKD.
- Ordnen Sie beide Standpunkte in das Schema „Ansätze der ethischen Beurteilung" ein (T7).

T7
T8
- Prüfen Sie die Berechtigung der Argumente und nehmen Sie jeweils eine Zuordnung zu den „Ansätzen" (T7) vor.
- Untersuchen Sie, welche weltanschaulichen und religiösen Einstellungen hinter den Positionen sichtbar werden.
- Interpretieren Sie den Gesichtsausdruck des Friedhofs-Engels.

T9
- Entfalten Sie das Menschenbild, das Sie in den Grundsätzen der Hospizarbeit entdecken.
- Laden Sie einen Experten in den Unterricht ein und diskutieren Sie mit ihm das Für und Wider aktiver Sterbehilfe.

Kompetenzen

Ich kann

- mich über die Probleme, die sich mit der letzten Lebensphase für einen Menschen stellen, Anteil nehmend äußern
- über die Rechtslage bei sogenannter Sterbehilfe Auskunft geben
- die wichtigsten theologischen Argumente in dieser Frage darstellen und zeigen, welche unterschiedlichen ethischen Konsequenzen daraus abgeleitet werden können
- begründen, dass die Freiheit des Einzelnen, über sein Leben zu verfügen, aus gesellschaftlicher Sicht notwendigerweise eingeschränkt werden muss
- die wichtigsten Argumente der gesellschaftlichen Diskussion um die Legalisierung aktiver Sterbehilfe erläutern und selbst begründet dazu Stellung nehmen
- über die Prinzipien der Hospizbewegung Auskunft geben und sie zu Grundüberzeugungen des christlichen Glaubens in Beziehung setzen
- Sinn und Ziel von Patientenverfügungen erklären und mich dazu äußern, ob so eine Maßnahme für mich in Betracht käme

Glossar

Die folgenden kurzen Hinweise zu den im Lehrbuch vorkommenden Begriffen ersetzen eine genauere Recherche nicht, können aber bei komplexeren Begriffszusammenhängen einen Weg weisen und die Informationsauswertung erleichtern. Außerdem können sie als Grundlage für eine Überprüfung des Grundwissens dienen.

Anthropologie
Sammelbegriff für unterschiedliche Auffassungen, Lehren und Forschungsresultate, die den Menschen betreffen.

Atheismus, neuer
Als neuen Atheismus bezeichnet man eine Bewegung im angelsächsischen Bereich, die mit Hilfe der Argumente der traditionellen Religionskritik den Einfluss von Kirche und Religion in der gegenwärtigen Gesellschaft aktiv bekämpfen und zurückdrängen möchte.

Auferstehung, Auferweckung
Die Erfahrung der ersten Christen, dass Jesus, der Gekreuzigte, lebt und wirkt. Die Erkenntnis: Gott ist stärker als der Tod.

Autonomie, Theonomie
Verständnis menschlicher Freiheit; *autonom*: abhängig nur von sich selbst; *heteronom*: abhängig von einem fremden Gesetzgeber; *theonom*: abhängig von Gott.

Bildnisverbot
Gebot des alttestamentlichen Dekalogs, das die Verehrung von Bildern (Idolatrie) für Jahwe ausschließt und damit seine Transzendenz und Einzigkeit betont.

Deismus
Auffassung von Religion in der Aufklärung: Erkenntnis Gottes aus der Natur statt aus einer Offenbarung. Die Naturgesetze sind Ausdruck göttlichen Handelns. Diesseitsorientierung statt Heilserwartung. Religiöse Toleranz statt Absolutheitsanspruch.

Determinismus
Die Auffassung, dass das Kausalgesetz von Ursache und Wirkung universelle Gültigkeit hat und alle Vorgänge (auch die im menschlichen Gehirn) a priori durch ihre Ursachen festgelegt sind.

Erkenntnislehre, Erkenntnistheorie
Fachgebiet der Philosophie, das sich grundsätzlich mit den Möglichkeiten und Grenzen des menschlichen Erkenntnisvermögens beschäftigt.

Exzentrizität
Begriff aus der Anthropologie Plessners; der Mensch ist nicht wie das Tier in sich zentriert, sondern er tritt sich selbst gegenüber, betrachtet und kontrolliert sich von außen.

Fragmentarität
Charakteristikum menschlicher Existenz; *christlich gesprochen*: unter Betonung der Offenheit für eine Vollendung des Menschen durch Gott.

Geschöpflichkeit
In der Auslegung der beiden Schöpfungstexte wird die solidarische Stellung des Menschen innerhalb der Familie der Geschöpfe bedacht und einer losgelösten, verabsolutierten Humanität gegenüber gestellt.

Gesetz, Gebot
In biblisch-christlicher Tradition ein Ausdruck dafür, dass der Mensch vor Gott Verantwortung trägt; diese Verpflichtung wird in den Geboten Gottes (Dekalog, Liebesgebot) ebenso deutlich wie in der Stimme der Vernunft (Röm 1 und 7).

Gottesbeweis
Versuche, mit Hilfe der menschlichen Vernunft aus der Beschaffenheit und Ordnung der Welt auf einen Schöpfer und Verursacher zu schließen (Thomas von Aquin, Anselm von Canterbury); Gegenpositionen bei Luther (theologia crucis) und Kant (Erkenntniskritik).

Gottesebenbildlichkeit
In der Auslegung von 1 Mose 1,27 werden die Vorrangstellung des Menschen unter den Geschöpfen, seine Verantwortung und sein besonderes Verhältnis zu Gott betont.

Hospizarbeit
Begleitung von Sterbenden.

Idolatrie
Religiöse Verehrung von Gottesbildern, die im irdischen Abbild das Wesen Gottes erkennt; siehe auch „Symbol".

Inkarnation
Wörtl. Verfleischlichung; beschreibt die nur im Christentum zu findende Überzeugung, dass Gott ganz in seine Schöpfung eingegangen und ein Teil der Welt geworden ist; diese Auffassung macht die Trinitätslehre notwendig, damit festgehalten werden kann, dass Gott nicht *nur* ein Teil der Welt ist (auch Zwei-Naturen-Lehre) sondern transzendent bleibt.

Kausalität
Die zwingende Abfolge von Ursache und entsprechender Wirkung.

Kontingenz
Zufälligkeit. Die Nicht-Notwendigkeit allen Geschehens, das nicht mit Sicherheit vorhergesagt werden kann. Kontingenzbewältigung: Fähigkeit, mit dem Zufälligen und Schicksalhaften des menschlichen Lebens fertig zu werden.

Kreationismus
„Schöpfungslehre", die in der Bibel eine zuverlässige Beschreibung der Entstehung der Welt und des Lebens sieht. In den USA: „Intelligent Design" deckt Erklärungslücken der Evolutionstheorie auf und gewinnt daraus Argumente für eine im Voraus geplante, nicht zufällig ablaufende Schöpfung (siehe Gottesbeweise).

Kreuzestheologie, theologia crucis / theologia gloriae
Ansatzpunkt der Theologie bei Paulus und Luther: Gott wird unter seinem Gegenteil (sub contrario) erfahrbar und der Glaube wertet deshalb alle menschlichen Maßstäbe um.

Monotheismus
Bezeichnung für Religionen, die Gott als transzendent und als einheitliche Person oder einheitliches Prinzip ansehen (vgl. Polytheismus).

Offenbarung
Aktivität Gottes zur Versöhnung mit dem Menschen, die sich in einem Schlüsselerlebnis kundtut; die Bibel gilt als Offenbarungsurkunde.

Plessner
Siehe „Exzentrität".

Polytheismus
Bezeichnung für Religionen, die in den Kräften der Welt göttliche Mächte am Werke sehen (vgl. Monotheismus).

Positivismus
Philosophische Position vor allem im 19. Jahrhundert, die nur als wirklich anerkennen will, was „positiv", im Sinne von sinnlich erfahrbar, und intersubjektiv feststellbar gegeben ist.

Projektionsthese
Grundthese der Religionskritik des 19. Jahrhunderts, die davon ausgeht, dass menschliche Bedürfnisse und Nöte dazu führen, sich in der Religion einen himmlischen Ersatz zu träumen; Gott ist ein an den Himmel geworfenes Abbild des Menschen (Feuerbach).

Rechtfertigung
Schlüssel zum Grundverständnis des Verhältnisses von Gott und Mensch im christlichen Glauben: Gott geht mit seinem Versöhnungsangebot auf den Menschen zu. Es gibt keinen Weg des Menschen aus eigener Kraft zu Gott. Grundanliegen der Reformation Martin Luthers

Religionskritik
Kritische Untersuchung der Entstehung und der gesellschaftlichen Folgen von Religion, vor allem im 19. Jahrhundert durch Philosophen wie Feuerbach, Marx und Nietzsche.

Religionssoziologie
Untersuchung der Religion nach ihrer gesellschaftlichen Bedeutung, ohne Betrachtung der Wahrheitsfrage.

Schlüsselerlebnis
Offenbarung Gottes ist nicht Information, sondern Lebensorientierung im Erleben. Inhalt und Erfahrung sind nicht voneinander zu trennen. Die Bibel ist Offenbarungsurkunde, weil sie religiöse Erfahrungen mitteilt.

Schöpfung
Glaube an Gott als Schöpfer beinhaltet keine Entstehungstheorie der Welt, sondern bewertet die Welt und das Leben als positiv, weil von Gott, der Quelle alles Guten, gewollt.

Segmentierung
Soziologische Auffächerung der religiösen Vorstellungswelt. An die Stelle einheitlicher konfessioneller Glaubenswelten tritt eine sehr unübersichtliche Landschaft verschiedener religiöser Vorstellungen („Patchwork").

Selektion, natürliche
„survival of the fittest"; Theorie der Darwinisten: Entstehung der Arten geht auf Variationen im Erbgut und die darauf folgende Auswahl durch den Druck der Lebensbedingungen zurück.

Sohn Gottes
Im christlichen Glauben wichtigster Titel Jesu, der seine besondere Beziehung zu Gott beschreibt; er ist „gezeugt", nicht „geschaffen".

Quellenverzeichnis

Sünde
Grunddefizit des Menschen, das verhindert, dass er den Heilsweg des Gesetzes erfolgreich beschreiten kann. Oft aber auch einfach: Tatsünde, Übertretung göttlicher Gebote.

Symbol
In vielfältigen Zusammenhängen gebräuchlich; hier: ein Bild für das Handeln Gottes, das Gott aber nicht auf etwas Irdisches als sein wesenhaftes Abbild festlegt.

Tetragramm
Vier Buchstaben. In hebräischer Konsonantenschrift der in 2 Mose 3 offenbarte Gottesname JHWH, der in unterschiedlicher Weise gedeutet wird.

Theodizee
Rechtfertigung Gottes, der sich – gemäß menschlichen Vorstellungen von Gerechtigkeit – als Schöpfer und Lenker der Welt für das Leiden in der Welt „verantworten" muss.

Transzendenz
Begriffsrahmen für die Verortung Gottes jenseits (transzendent) oder innerhalb der von Menschen erfahrbaren Wirklichkeit (immanent).

Trinität
Christliche monotheistische Vorstellung von Gott, die eine echte Kommunikation im Wesen Gottes selbst und mit anderen Wesen (Geschöpfen) zulässt und daher von unterschiedlichen Personen – Vater, Sohn und Heiliger Geist – ausgeht.

Wahrheit, Wirklichkeit
Wahrheit wird grundlegend definiert als Übereinstimmung (Adäquatio) der menschlichen Vorstellung mit der Wirklichkeit; die Schwierigkeit, diese Übereinstimmung festzustellen, bringt andere Wahrheitskriterien ins Spiel: Evidenz, Kohärenz, Konsens.
Wahrheit in der Religion: die richtige, heilvolle Grundausrichtung des Lebens, d.h. Leben in der Wahrheit gegenüber einem Leben in Täuschung und Lüge.

Zwei-Naturen-Lehre
Glaube, dass in Jesus Christus tatsächlich Gott begegnet (göttliche Natur) und gleichzeitig daran, dass Jesus Christus ein wirklicher Mensch war; Menschwerdung Gottes (Inkarnation).

Bildquellen

- 7: © René Magritte / VG Bild-Kunst, Bonn 2010
- 8: © Hoimar von Ditfurth
- 14: © Benziger 1971
- 16: www.buscampagne.de; Foto: Evelin Frerk, Hamburg
- 23: © unten NFP media rights GmbH & Co. KG
- 27: © Kostas Koufogiorgos
- 33, 115: © DER SPIEGEL
- 38: © Jan Tomaschoff / Baaske Cartoons, Müllheim
- 54: © Franz Eckert
- 57: © Donald R. Swartz, www.shutterstock.com
- 65: © Roger Schmidt, www.karikatur-cartoon.de
- 71: © Ursula Rauch
- 74: akg-images
- 87: © Michael Lucan
- 92: © Wikimedia Commons / Richard Veeling
- 94: Max Ernst / VG Bild-Kunst, Bonn 2010
- 97: Heribert Huneke / VG Bild-Kunst, Bonn 2010
- 98: © Peter Schimmel, München
- 105: © Gerhard Mester
- 110: Janet Brooks Gerloff / VG Bild-Kunst, Bonn 2010
- 113 rechts: Holle-Bildarchiv
- 120: Foto: Wolfgang Sauber
- 125: © Jules Stauber, Schwaig
- 127: Christopf Wetzel / VG Bild-Kunst, Bonn 2010
- 130: © Helmut Thielicke
- 135: © Publik Forum
- 147: © SCOOV PHOTOGRAPHY, www.scoov.de
- 149: © Elke Wetzig
- 151: © www.beautycheck.de
- 155: © originalpunkt, www.shutterstock.com
- 157: © Andreas Kasparek, www.sinnobjekte.de
- 161: © http://scheggedivetro.blogosfere.it/images/eluana%20englaro.jpg
- 162: writable_Immagini_eluanaenglarorv6.jpg

Textquellen

8–10, 12–14: Hoimar von Ditfurth, Wir sind nicht nur von dieser Welt, Hamburg 1981, 163ff. – 4: Heinz Zahrnt, Stammt Gott vom Menschen ab?, Zürich 1971, 46f. – 15: Richard Dawkins, Der Gotteswahn, Berlin 2008, 46, 167f. – 18: Matthias Wörther, Kein Gott nirgends?, Würzburg 2008, 81ff. – 22: Polykarp, Rundschreiben der Gemeinde von Smyrna 155/156, in: H. Augermeyer, Dokumente der Kirchengeschichte, Rohtenburg o.) – 25: Karl Jaspers, Der philosophische Glaube, München / Zürich 1948 – 26: Markus Rode, Rheinischer Merkur – 28: Hans Norbert Janowski, in: Wahrheit als Medienqualität Band 9, hg. von Wolfgang Wunden, Berlin / Münster / Wien / Zürich / London 2005, 9f. – 29f.: Gerhard Paul, Resümee. Die Macht und Ohnmacht der Bilder im asymmetrischen Krieg, in: Gerhard Paul: Der Bilderkrieg. Inszenierungen, Bilder und Perspektiven der „Operation Irakische Freiheit", Göttingen 2005, 212–228 – 34f.: Gotthold Ephraim Lessing, Nathan der Weise, Dritter Aufzug, Siebenter Auftritt – 35: Gotthold Ephraim Lessing, Die Erziehung des Menschengeschlechts, §1 und 4 – 36: Hermann Samuel Reimarus, Unmöglichkeit einer Offenbarung, die alle Menschen auf eine begründete Art glauben können, in: Gotthold Ephraim Lessing, Sämtliche Schriften, hg. von Karl Lachmann, Bd. 12, Berlin 1838–1840, 319f. und 358 – 37: Michael von Brück, Buddhismus und Christentum, München 1997, 654f. – 37: John Hick: Gott und seine vielen Namen, Frankfurt/M. 2001, 44f. – 38f.: Hans-Martin Barth, Dogmatik, Gütersloh 2001, 166ff. – 40, 42, 72, 99, 107, 110, 125, 137: – Lutherbibel, revidierter Text 1984, durchgesehene Ausgabe in neuer Rechtschreibung, © Deutsche Bibelgesellschaft, Stuttgart – 47: Martin Luther, Kleiner Katechismus. Erklärung zum Glaubensbekenntnis, 1529 – 48f.: Jürgen Moltmann, Mensch, Stuttgart / Berlin 1971, 156–160 – 50f.: Thomas Fuchs, Wie entsteht das Böse?, Vortrag in der kath. Akademie München, in: zur debatte 1/2007 – 52, 64f.: Rüdiger Safranski, Das Böse, München 1997, 27, 56f. – 53: Wolfhart Pannenberg, Anthropologie in theologischer Perspektive, Göttingen 1984, 114f. – 54, 67: Martin Luther, Von der Freiheit eines Christenmenschen, 1520 – 58: Peter Bieri, Das Handwerk der Freiheit: Über die Entdeckung des eigenen Willens, 7. Aufl. München / Wien 2001, 234f. – 59: John Hospers, Zweifel eines Deterministen, in: Dieter Birnbacher, Norbert Hoerster, Texte zur Ethik, München 1976, 330f. – 62f.: Wolf Singer, Ein neues Menschenbild, Gespräche über Hirnforschung, Frankfurt/M. 2003, 30–33 – 68: Günther G. Brakelmann, Was bleibt von der Rechtfertigungslehre, Deutsches Allgemeines Sonntagsblatt, 29.6.1980 – 71: Luise Hensel, Nachtgebet, 1879 – 73: Heinz Zahrnt, Das Leben Gottes. Aus einer unendlichen Geschichte, München 1997, 261 – 73: Tilman Moser, Gottesvergiftung, Berlin 2008 – 74ff.: Karl Wilhelm Dahm, Religion, Analyse und Perspektive aus der Sicht eines Soziologen, in: Informationen zum Religionsunterricht 3/1971, 2ff. – 79: Ernst Jandl, an gott, Gesammelte Werke, Bd. 8, München 1997 – 80: Pressemeldung 10.07.2008, http://www.bertelsmann-stiftung.de/cps/rde/xchg/SID-AF584D7D-29AA82A7/bst/hs.xsl/nachrichten_88400.htm – 84: Jan Assmann, Die Revolution des Echnaton, in: Welt und Umwelt der Bibel, Heft 11/1999, 22 – 85f.: Jan Assmann, Religion und kulturelles Gedächtnis, München 2000, 72–76 – 87: Schalom Ben-Chorin, Bruder Jesus, München 1967 – 89f.: Erich Fromm, Psychoanalyse und Religion, München 2004, 112 – 92, 130: zit. nach: Heinz Zahrnt, Die Sache mit Gott, München 1972, 353ff. – 93f.: Hans Frör, Ich will von Gott erzählen wie von einem Menschen, den ich liebe, München 1972, 74f. – 98: Kreuz und Kruzifix, Ausstellungskatalog Diözesanmuseum Freising 2005, S. 22 – 101f.: Otto Hermann Pesch, Warum musste Jesus am Kreuz sterben?, in: zur debatte 7/2009, 19ff. – 103: Heinrich Bornkamm, Die Kreuzes-Theologie Martin Luthers, in: Das bleibende Recht der Reformation, Hamburg 1967, 49ff. – 104: Annette Merz / Gerd Theißen, Der historische Jesus, 3. Aufl. Göttingen 1996 – 106: Martin Luther 1524 / Paul Gerhardt, 1656 – 108: Thomas Seiterich-Kreuzkamp und Barbara Tambour, Was geschah am dritten Tag? Interview mit Hans Kessler; in: Publik-Forum Nr. 6, 25. März 2005, 27ff. – 109: Dorothee Sölle, Der Film wäre leer geblieben, in: Dies.: Es muss doch mehr als alles geben. Nachdenken über Gott, © 1992 by Hoffmann und Campe Verlag, Hamburg, 132–136 – 109: Horst Hirschler, Der unverzichtbare Jesus, Vortrag Loccum 2001 – 110: Karl-Heinz Menke in: zur debatte 5/2009, 26 – 116: Schalom Ben-Chorin, Bruder Jesus, München 1967 – 124: Martin Luther, 1523 – 126f.: Martin Luther, Vorrede zum Römerbrief, 1522 – 128: Jacob Neusner, Ein Rabbi spricht mit Jesus, München 1997, 118f. – 128f.: Hans-Jürgen Greschat, Die Religion der Buddhisten, München 1980, S.133f. – 129: Martin Luther, Vom unfreien Willen, 1525 – 129: Leuenberger Konkordie 1973 – 132: Dietrich Bonhoeffer, Stationen auf dem Weg zur Freiheit, in: Lesebuch Dietrich Bonhoeffer, Otto Dudzus (Hg.), 5. Aufl. Gütersloh 2000, 9 – 136: Werner H. Ritter, Da kann Gott nix mehr machen, in: Nachrichten der Evang. Luth. Kirche in Bayern 6/2009, 195ff. – 138: Paul Althaus, Die Theologie Martin Luthers, Gütersloh 1962; 244f. – 139f.: Ulrich Bach, Dem Traum entsagen, mehr als nur ein Mensch zu sein, Auf dem Wege zu einer diakonischen Kirche, Neukirchen-Vluyn 1986, 43f. – 142: Armin Kreiner: Das Theodizeeproblem, Vortrag in der Kath. Akademie München am 5.3.2008, in: zur debatte 2/2008 – 143: Hans Jonas, Der Gottesbegriff nach Auschwitz, Frankfurt/M. 1984 – 148f.: John von Düffel, Ego, Köln 2001 – 150: Magazin der Süddeutschen Zeitung Nr. 31 vom 31. Juli 2009 – 152f., 156: Gunda Schneider-Flume, Leben ist kostbar. Wider die Tyrannei des gelingenden Lebens, Göttingen 2004, 9–12 – 154f.: Hermann Barth, Dem Helfen und Heilen verpflichtet – aber nicht um jeden Preis. http://www.ekd.de/vortraege/barth/050929_barth_sterbehilfe.html – 157: Henning Luther, Religion und Alltag, Stuttgart 1992, 173–175 – 158: Evangelischer Erwachsenenkatechismus hg. von M. Kießig u.a., Gütersloh 2006, 336ff. – 163: Kurt Marti, wunsch, in: Schon wieder, einmal. Ausgewählte Gedichte 1959–1980, Darmstadt 1982, S. 67 – 164, 166: Hans Küng, Menschenwürdig sterben, in: Ders. / Walter Jens, Menschenwürdig sterben. Ein Plädoyer für Selbstverantwortung, München 1995, S. 13–85 – 165f.: Wenn Menschen sterben wollen, Rat der Evangelischen Kirche in Deutschland hg. von der EKD, Texte Nr. 97, www.ekd.de/EKD-Texte/ekd_texte_80_6.html – 170: nach: www.hospiz-umstadt.de/wissen/index.htm